Wie geht's,
Herr Pfarrer?

Paul M. Zulehner

Wie geht's, Herr Pfarrer?

Ergebnis einer *kreuzundquer*-Umfrage:

Priester wollen Reformen

:STYRIA

Inhalt

Vorwort

„Wie geht's, Herr Pfarrer?", ist der Titel eines Filmes, den wir kürzlich in „kreuz und quer" ausgestrahlt haben. In diesem Film zitiert ein Pfarrer aus der Steiermark einen Satz, den er aufgeschnappt hat: „ Lasst's die Pfarrer doch heiraten, dann lassen sie unsere Kinder in Ruh!" In die Kamera sagt uns der Priester noch: „Das ist etwas, was mich zutiefst verletzt!"

Offenbar nicht nur ihn. Aus vielen Recherchegesprächen mit Priestern wissen wir, dass sie durch die Missbrauchsdebatte stark irritiert sind. Auch wenn viele Pfarrer meinen, das Thema sei medial viel zu sehr hochgespielt, sind noch mehr der Ansicht, dass sexueller Missbrauch für die Kirche ein größeres Problem als für andere Institutionen darstellt.

Medial hochgespielt? Mag sein. Aber: Zum Missbrauchsskandal hat sich ein zweiter Skandal dazugesellt, der Skandal der versuchten Vertuschung.

Die „kreuz und quer"–Dokumentation „Holy Watergate – Geschichte eines verschleppten Skandals" beschreibt diesen Vertuschungsversuch der Kirchenleitung in den USA über mehrere Jahre akribisch genau. Die Maxime damals: Hauptsache, die Heiligkeit der Institution gerät nicht in Gefahr. Jahrelang war das in Österreich nicht anders. Ernst-Wolfgang Böckenförde bezeichnet dies als den wahren Skandal und den Grund für die Krise.

Die Katholische Kirche in Österreich hat neuerdings einen anderen Weg gewählt. Unabhängige Medien werden dabei eine Rolle gespielt haben. Nicht Kirchenraison soll im Zentrum des Krisenmanagements stehen, sondern das Wohl der Opfer, fordert der Wiener Erzbischof Kardinal Christoph Schönborn. Man wird sehen, wie zielstrebig dieser Weg gegangen wird.

Religionsjournalismus im ORF hat sich schon seit langem vom „Kirchenfunk" früherer Jahre verabschiedet. Unabhängigkeit ge-

hört zu unserem journalistischen Credo. Unser Verhältnis zu den Kirchen und Religionsgemeinschaften haben wir in einem Motto zusammengefasst: Kritische Distanz und respektvolle Nähe. Kritische Distanz, weil wir sonst unseren Zuseherinnen und Zusehern untreu würden. Die sollen wissen: Auf uns ist Verlass. Respektvolle Nähe: weil wir allesamt von der unersetzbaren Bedeutung von Religion überzeugt sind. Mit diesem Vorverständnis stellen wir unsere Fragen. Auch unangenehme. Erstmals haben wir dabei die Methode der Umfrage gewählt.
Das Ergebnis hat uns dann doch überrascht. Wir interpretieren es als Handlungsbedarf für die Kirchenleitung. Die Mehrheit der Pfarrer in Österreich will Reformen.

Ich danke Univ. Prof. Paul Michael Zulehner, der die Studie geleitet und interpretiert hat. Ich danke der ORF/Medienforschung und dem Institut GfK-Austria für die Durchführung. Ich danke auch Wolfgang Lorenz, dem zuständigen Programmdirektor des ORF für die massive Unterstützung – nicht nur der Studie.

Gerhard Klein
Leiter der Hauptabteilung Religion des ORF/Fernsehen

Weil zu viel zusammenkommt - weil zu wenig Echo spürbar ist - weil manche Dinge stagnieren, die man sich beim Konzil erhofft hatte - weil die heutige Mentalität der Medien der Öffentlichkeit nicht unbedingt für eine kirchliche Einstellung förderlich ist, sondern oberflächliches Geschäft - auch den Eindruck, dass die Medien auch bedacht sind, geschäftlich zu reüssieren - Schlagzeilen aufregend, wenn ich an die letzten Dinge denke, dass zu viel Sensation gemacht wurde - Eine bestimmte Geisteshaltung hat ihre Stunde gefunden, die Kirche mal richtig durchzuprügeln und ihr zu schaden. Passiert in anderen Institutionen genau so, und das wird nur so nebenbei erwähnt, und die Kirche, da ist nur ein kleinerer Prozentsatz beteiligt, und das wird hochgespielt und der Leser wird beeinflusst, der sich nicht so auskennt.

Sehr schön, wenn Vorgesetzte tatsächlich von Herzen fragen, wie es einem geht – keine Floskeln –, ermutigen, in Krisensituationen durchzuhalten.

Solche, im Laufe des folgenden Buches wiederholt auftauchende kursiv gesetzte Texte, sind stenografisch festgehaltene, ebenso rudimentär wiedergegebene Antworten der befragten Pfarrer auf zwei offene Fragen:

Vielen Priestern geht es heute in ihrer Arbeit nicht gut, weil...

sowie

Welche Veränderungen halten Sie für erforderlich, um Ihre Situation als Pfarrer zu verbessern?

Aus gegebenem Anlass

Die Missbrauchsdebatte hat die katholische Kirche in vielen Ländern erschüttert. Das hat nicht nur das Image der Kirche ramponiert. Es trifft auch die Pfarrer und deren Wirkungsmöglichkeit.

Die Abteilung Religion im ORF-TV unter Gerhard Klein wollte herausfinden, wie es da den Pfarrern geht. Dazu hat sie bei der GfK Austria, Sozial- und Organisationsforschung[1] eine „Telefonumfrage Österreich" in Auftrag gegeben. Ziel war zu erfahren: „Wie geht es Ihnen, Herr Pfarrer?" In gebotener Kürze sollten Beruf und Privatleben der katholischen Pfarrer beleuchtet werden. *Befragt wurden lediglich Priester, die in der Pfarrseelsorge stehen.*[2]

Die Ergebnisse werden hier publiziert. Sie geben Hoffnung, dass auch die Kirchenleitung die Lage „ihrer" Pfarrer noch deutlicher wahrnimmt: das, was sie leben und arbeiten lässt, aber auch das, was sie beruflich wie menschlich arg belastet und in welchen Bereichen sich die Pfarrer weit mehr Reformen wünschen, als weithin bekannt ist. Das markanteste und damit vielleicht wichtigste Ergebnis ist, dass es zwischen den hoch motivierten und sehr loyalen Pfarrern und ihrer Kirchenleitung eine tiefe Dissonanz gibt. Mehr als die Hälfte denkt in wichtigen Fragen anders als die Kirchenleitung. Noch mehr, 74% der befragten „leitenden Angestellten" der Kirche sehen, dass auch das Kirchenvolk in wichtigen Fragen anders denkt als die Kirchenführung.

Es ist offen, wie sich in der nächsten Zeit, zumal in der inneren Verunsicherung der katholischen Kirche durch die Missbrauchskrise, dieser breite Dissens auswirken wird. Wird er zu Reformen führen? Oder zur inneren Emigration? Oder werden immer mehr Pfarrer in einer Art „vorauseilenden" Gehorsams beruflich wie privat das zu tun und zu leben beginnen, was sie selbst mit den Gemeinden zusammen verantworten zu können meinen? Für die letzte Variante bietet die Studie einige Anhaltspunkte. Das würde aber bedeuten, dass die Zeit für die Kirchenleitung, den Reformstau weiter auszusitzen und zugleich die Gestaltungsmacht zu behalten, zu Ende geht. Ob sie das auch will? Ob es nicht besser

wäre, mit den erfahrenen Pfarrern und den vielen Engagierten in der Kirche (wie den PfarrgemeinderätInnen, die zu den „Treuesten der Treuen" gezählt werden) in einen intensiven Dialog über die längst fälligen Reformen einzutreten?
Aber alles der Reihe nach. Die Ergebnisse werden in mehreren Schritten präsentiert:

1. Was die Pfarrer über den sexuellen Missbrauch in der Kirche denken und wie sie das Krisenmanagement beurteilen
2. Beruf und Leben der Pfarrer
3. Pfarrer im Modernisierungsstress
4. Die jungen Pfarrer: Wohin geht die Pfarrerschaft (und mit ihr die Kirche)?

Eine hochmotivierte Pfarrerschaft

Das Verlangen der Leute nach dem Wort Gottes - die Suche nach Gott - Suche nach Leben, nach dem Evangelium - weniger Egoismus - Betonung der Gemeinschaft.

Pfarrer sind eine hochmotivierte Berufsgruppe. Sie haben hehre Ziele. Diese liegen an der Schnittstelle zwischen dem Leben moderner Menschen und dem ihnen anvertrauten Evangelium. Pfarrer fühlen sich weniger als Kirchendiener, sondern als Gottes Mitarbeiter zu Gunsten der Menschen. Wichtig ist den Pfarrern, mit Menschen Gotteserfahrungen zu machen und diese mit der Bibel in der Hand zu deuten.
Da es sich bei den Menschen, für welche die Pfarrer seelsorglich arbeiten, um ZeitgenossInnen handelt, sind Pfarrer an der Kenntnis des Lebens moderner Menschen interessiert: an deren Freude und Hoffnung, Trauer und Angst. Sie möchten die Zeichen der modernen Zeit verstehen. Dass sich Pfarrer auf die Seite Gottes schlagen, eröffnet ihnen auch die Möglichkeit zu einer kritischen Loyalität mit ihrem kirchlichen Arbeitgeber. In wichtigen Fragen sind viele anderer Ansicht als die Kirchenleitung (dazu später mehr): Aber das ist (auch aus theologischen Gründen) für sie kein Grund zur Sorge, sie könnten ihrer Kirchenleitung gegenüber illoyal sein. Blinder Gehorsam ist kein Merkmal der meisten Pfarrer. Die Kirchenleitungen haben es mit selbstbewussten und verantwortungsvollen Mitarbeitenden zu tun, die in beruflicher und privater Hinsicht Dissonanzen nicht nur sehen, sondern auch – als eine Art innovatorischem Dienst an der Kirche – durchtragen.[3]

TABELLE 1: Positive Aspekte des Pfarrerberufs
Jeder Beruf hat verschiedene Aspekte. Welche Seiten erleben Sie persönlich als besonders positiv, welche als überhaupt nicht positiv? Bitte stufen Sie fein ab zwischen:
1 = besonders positiv und 5 = überhaupt nicht positiv

86 %	Menschen an den für sie wichtigen Lebensübergängen (Geburt, Heirat, Tod) begleiten.
84 %	Das Evangelium als Weg zu einem guten Leben verkünden.
80 %	Den Menschen in ihren Sorgen zur Seite stehen.
74 %	Die Zeichen der Zeit erkennen und an ihnen die Verkündigung des Evangeliums formen.
73 %	Ein Mann des Friedens und der Versöhnung sein.
71 %	Gottes Mitarbeiter sein.
71 %	Mit Menschen zusammen Gotteserfahrungen machen und als solche deuten.
69 %	Ein Anwalt der Schwachen und Bedrängten sein.
67 %	Kindern und Jugendlichen die Welt des Glaubens erschließen.
67 %	Menschen, die sich mit dem Glauben schwer tun, das Evangelium erschließen.
46 %	Sich prophetisch zu Missständen in Gesellschaft und Kirche äußern, gelegen oder ungelegen.
43 %	Von den Menschen als Mann Gottes wahrgenommen werden.

ERGEBNIS 1: Pfarrer sind eine hochmotivierte Berufsgruppe. Sie haben hehre Ziele. Diese liegen an der Schnittstelle zwischen dem Leben moderner Menschen und dem ihnen anvertrauten Evangelium. Sie fühlen sich weniger als Kirchendiener, sondern als Gottes Mitarbeiter zu Gunsten der Menschen. Wichtig ist den Pfarrern, mit Menschen Gotteserfahrungen zu machen und diese mit der Bibel in der Hand zu deuten.

Sexueller Missbrauch in der katholischen Kirche

> *Ein offener Umgang mit allen Themen, vor allem im sexuellen Bereich, bei Scheitern des Menschen wie Scheidung usw. - alle reden von sexuellem Missbrauch in Kirche und zu ihm kommen alle mit sexuellem Missbrauch in Familien, alle reden drüber und tun nix, auch bei Kindererziehung, Begleitung von Jugendlichen in Pubertät. Über das Gute wird kaum geredet.*

Diese hochmotivierten Pfarrer möchten unbehindert in Gottes Namen an der Seite der Menschen sein und seelsorglich arbeiten. Die unvermittelt aufgebrochene Debatte um sexuellen Missbrauch an Kindern in der eigenen Kirche scheint sie daran aber in schmerzlichem Maße zu hindern. Die Pfarrer leiden schwer darunter, so sehr, dass der kirchenkritische Theologe Hans Küng die katholischen Priester öffentlich gegen eine Pauschalverdächtigung in Schutz nahm. Begegnet man einem Pfarrer, denkt manch eine/r vielleicht: Hat auch dieser Kinder belästigt, geschlagen, missbraucht? Die Pfarrer ihrerseits haben Sorge, dass andere über sie solches denken könnten – oder sind damit konfrontiert, als „positive Ausnahme" zu gelten, was wiederum rückschließen lässt auf die allgemeine Sicht auf kirchliche Amtsträger. Erschwert wird die Gefühlslage der Pfarrer dadurch, dass die Diskussion um sie herum ziemlich undifferenziert verläuft. Zölibat, Homosexualität, Pädophilie, pädagogische Gewalt und sexueller Missbrauch werden meistens in einen einzigen Topf geworfen.

Gewiss, die Missbrauchsfälle im katholischen Klerus (warum gerade unter Ordensmännern?) haben eine besondere Färbung und ihr eigenes Gewicht. Vergehen sich amtliche Vertreter einer Einrichtung, welche die moralische Latte in höchste Höhen hebt und solche moralische Hochleistung gnadenlos von den Menschen verlangt, dann ist die Fallhöhe bei Verfehlungen des Personals einer solchen Einrichtung besonders hoch. Viele werfen der Kirche vor, selbst nicht zu halten, was sie offiziell streng predige. Deshalb verwundert es nicht, dass sexueller Missbrauch unter Priestern und Ordensmännern öffentlich besonders irritiert und auch öffentlich geächtet wird. Der latente Reinheitswahn der Kirche rächt sich bitter. Dass es dafür gute Gründe gibt, sehen auch Pfarrer so.

TABELLE 2: Einstellung der befragten Pfarrer zum Thema sexueller Missbrauch in kirchlichen Einrichtungen

	trifft voll zu	trifft zu
Sexueller Missbrauch wird medial viel zu sehr hochgespielt	36%	29%
Sexueller Missbrauch ist für die Kirche ein größeres Problem als für andere Institutionen	54%	22%
Sexueller Missbrauch soll zum Anlass genommen werden, grundsätzlich über den kirchlichen Umgang mit Sexualität nachzudenken	58%	22%
Wenn die Kirche sich dem Problem kompetent stellt und eine glaubwürdige Lösung erarbeitet, ist das auch für andere Einrichtungen hilfreich	64%	29%

58% der im Auftrag des ORF im April und Mai 2010 befragten katholischen Priester[4] stimmten voll der Aussage zu: *„Sexueller Missbrauch ist für die Kirche ein größeres Problem als für andere Institutionen.“* Dazu kommen weitere 22%, welche diese Aussage für zumindest richtig halten. Zusammen sind das 80%! Nur eine Minderheit denkt anders.

> *Worüber ich mich ärgere, dass diese journalistischen Sachen sehr viel zerstören und aufbauschen – Medien sollten der Kirche positiver gegenüber stehen.*

Von den befragten Pfarrern haben 41% von Fällen sexuellen Missbrauchs in kirchlichen Einrichtungen erfahren. 56% haben Kenntnis von solchen Vorfällen in anderen Einrichtungen. 62% kennen Missbrauchsfälle in Familien. 3% der Befragten sind selbst Opfer sexuellen Missbrauchs als Kind oder Jugendlicher geworden.

Natürlich sind die befragten Priester davon unangenehm berührt, dass das Thema des Missbrauchs in kirchlichen Einrichtungen eine derart hohe mediale Aufmerksamkeit gefunden hat. Sie spüren, dass auf dem Feuer des Missbrauchs nebenbei auch manche antiklerikale Suppe mit gekocht wird. 36% stimmen der Aussage *„Sexueller Missbrauch wird medial viel zu sehr hochgespielt"* völlig zu, weitere 29% signalisierten einfache Zustimmung. Ist das ein Anzeichen dafür, dass viele nicht nur um die Opfer und die Täter sowie um das Image der Kirche besorgt sind, sondern dass sich viele Pfarrer um ihre eigene Reputation und Handlungsfähigkeit Gedanken machen?

ERGEBNIS 2: Pfarrer sind durch die Missbrauchsdebatte stark irritiert. Auch wenn sie meinen, das Thema sei medial viel zu sehr hochgespielt (65%), sind 76% der Ansicht, dass sexueller Missbrauch für die Kirche ein größeres Problem als für andere Institutionen darstellt. Die Kirche sollte aber unverdrossen derart gute Lösungen erarbeiten, dass diese auch für andere Einrichtungen hilfreich sind (93%). Zugleich sollte die Kirche die Debatte als Anlass sehen, grundsätzlich über den kirchlichen Umgang mit Sexualität nachzudenken (80%).

Kirchliches Krisenmanagement

> *Klare Aufarbeitung des Missbrauchskandals. Klar sagen, dass es kein reines Kirchenproblem ist.*
>
> *Weniger negative Schlagzeilen über die Kirche, das Verhalten oder der Umgang von Rom mit Sexualität, Missbrauch usw.*

Verschärft worden war die Missbrauchs-Krise um die Kirche durch deren holpriges Krisenmanagement. Schon seit dem spirituell überhöhten Schweigen des Wiener Kardinals Groer (1995) hatte sich der Verdacht festgesetzt, dass es der Kirche (wie auch anderen säkularen Einrichtungen und Familien) mehr ums Verbergen und Vertuschen gehe, denn um das glaubhafte Aufarbeiten von realen Missständen. Um ein Aufarbeiten also, das nicht primär dem Schutz der eigenen Institution, sondern vor allem dem Wohl der Opfer dient.

> *Die Skandale machen zu schaffen, Äußerungen der Kirchenführung sind nicht immer förderlich. Kirchenspitze ein Problem – Rom, wobei sich unser Kardinal sehr bewährt hat in der letzten Krise.*

Es wurden die Pfarrer nach der Bewertung des Krisenmanagements der Kirchenleitungen gefragt. Deren Einschätzung fällt anders aus, je nachdem, um welche Leitungsinstanz es sich handelt.

- Während der Kirchenleitung in Österreich eher ein gutes Krisenmanagement bescheinigt wird (43% halten dieses für gut, weitere 23% für sehr gut, das sind zusammen mit 66% zwei Drittel der Befragten auf den positiven Skalenwerten 1 und 2),
- fällt das Urteil über die Kirchenleitung in Rom nicht so positiv aus. Die kritischen Skalenwerte 3-5 machen 78% aus! Lediglich 21% halten den Umgang der Kirchenleitung in Rom mit dem Problem für gut. Die Kirchenleitungen könnten weltkirchlich gute Erfahrungen miteinander austauschen.

Siehe Tabelle 3

Für 93% der Befragten hat im Übrigen die mediale Fokussierung des Missbrauch-Themas auf die (katholische) Kirche auch eine gute Seite: *„Wenn die Kirche sich dem Problem kompetent stellt und eine glaubwürdige Lösung erarbeitet, ist das auch für andere Einrichtungen hilfreich.“* Wenn die Kirche (notgedrungen, aber vielleicht

TABELLE 3: Umgang der Kirchenleitung (in Österreich – in Rom) mit dem Problem des sexuellen Missbrauchs

	Die Kirchenleitung in Österreich geht mit dem Problem gut um.	Die Kirchenleitung in Rom geht mit dem Problem gut um.
1 völlig richtig	23%	9%
2	43%	12%
3	22%	27%
4	9%	30%
5 lehne ich gänzlich ab	3%	21%
keine Angabe	0%	1%

auch motiviert durch ihre innere Selbstverpflichtung zum Dienst an den Menschen und der Gesellschaft) Standards entwickelt, die sicherstellen, dass es morgen immer weniger Missbrauchsfälle von Kindern im ganzen Land (und nicht nur in kirchlichen Einrichtungen) gibt, könnte diese Hoffnung der Pfarrer auch eingelöst werden.

ERGEBNIS 3: Die Pfarrer bescheinigen der österreichischen Kirchenleitung (66%) ein weit besseres Krisenmanagement als der römischen (21%).

Psychosexuelle Reifung

Fachleute vermuten, dass Kinder gefährdet sind, wenn Personen ohne ausreichende menschliche und damit auch psychosexuelle Reife in eine seelsorgliche Aufgabe eintreten. Ähnliches gilt für all jene pädagogischen Berufe, die für ihre Ausübung eine hohe emotionale Nähe zu Kindern voraussetzen.

Wie aber erfolgt eine solche psychosexuelle Reifung im Rahmen der von der katholischen Kirche ihren Weltpriestern abverlangten sowie der Ordensexistenz innewohnenden Ehelosigkeit? Wird eine solche durch den Zölibat nicht eher behindert oder gar verhindert, insbesondere dann, wenn eine in ihrer bisherigen Lebensgeschichte unreif gebliebene Person in ein Priesterseminar eintritt und nach Abschluss der Ausbildung geweiht wird?

Wir haben die Pfarrer danach gefragt, wer bzw. was die Entwicklung ihrer Sexualität positiv bzw. negativ beeinflusst hat. Die Antworten malen ein buntes Bild. Vor allem zeigen die Daten, dass entscheidende Phasen der psychosexuellen Reifung einem Eintritt in ein Priesterseminar vorausliegen (Familie, Mutter, Vater), dass aber auch spätere Begegnungen (mit priesterlichen Vorbildern, mit erwachsenen Männern und Frauen) bzw. die Beziehung zu einer Frau bzw. einem Mann einen weiteren Reifungsprozess eröffnen können.

Die Daten belegen damit nicht die Annahme, dass der Zölibat, wie er faktisch gelebt wird, von Haus aus psychosexuelles „Nachreifen" ausschließt. Allerdings läßt sich aus den Daten auch nicht schließen, dass ein solches Nachreifen stattfindet. Immerhin verweisen viele befragte Pfarrer auf reifungsförderliche Begegnungen mit Frauen und Männern. Das Problematische an solchen Beziehungen ist freilich, dass diese „funktionalisiert" werden (können). Grundsätzlich dient ja eine Beziehung zu einer Frau / einem Mann in erster Linie nicht der Therapie, sondern bedeutet gemeinsam verantwortetes Leben, Lieben und Arbeiten, was in verschiedenen Formen möglich ist.

In der heutigen Kirchenorganisation gehen solche Beziehungen oftmals zu Lasten der Frau und der Kinder. Dies hängt mit der fragwürdigen Praxis zusammen, dass solange ein Priester eine partnerschaftliche Beziehung nicht öffentlich macht, sie zwar von großen Teilen des Kirchenvolks akzeptiert wird, insbesondere in den Gemeinden und vereinzelt auch von einzelnen kirchlichen Vorgesetzten. Die Kirchenleitung hingegen ist gehalten, die betroffenen

Priester vor die Wahl Amt oder Beziehung zu stellen. (So Kardinal Christoph Schönborn in einem *Profil*-Interview, April 2010). Einem Priesterseminar kommt im Vergleich zu solchen Begegnungen und Beziehungen hinsichtlich der psychosexuellen Reifung lediglich eine nachrangige – und im Grundton nicht negative – Rolle zu. Das sind im Detail nunmehr einschlägige Daten aus der Studie, welche solche Positionen stützen:

Begegnungen/Beziehungen

> *Also Ehrlichkeit im Presbyterium - Abkehr vom Einzelkämpfertum - mehr Bindungen an Menschen, in denen wir Gefühle zeigen dürfen. Da tun wir Priester uns schwer, da werden wir hingedrängt - dass wir emotional etwas unterentwickelt leben durch diese Rolle nach außen hin eben - was ich auch noch als Hilfe finde, dass der Alltag für andere Menschen sichtbarer wird - mehr in Konfrontation mit anderen Menschen sollte das stattfinden, damit wir emotional nicht verkümmern - dass wir andere Menschen mehr teilnehmen lassen an unserem Alltag - Hilfestellungen im persönlichen Zeitmanagement - unter Umständen psychologisch geschulte Beratung, Coaching.*

Die Pfarrer haben sich also – sieht man von der der Spiritualität zugeeigneten Wirkkraft ab, deren innere Gestalt aus der Umfrage nicht ersichtlich ist (92%) – ihrer Selbsteinschätzung nach psychosexuell primär in Begegnungen entwickelt. *(Siehe Tabelle 4, Skalenwert 1, sehr positiv, und 2, positiv, auf vierteiliger Skala)*

- Die Eltern (Mutter: 82%; Vater: 72%) spielten eine grundlegende Rolle.
- Wichtig waren für viele gleichaltrige Jugendliche (79%).
- Viele Pfarrer haben von einem priesterlichen Vorbild (86%), 65% bei einem Religionslehrer in der Schule gelernt.
- Hohes Gewicht hatte für die Ehelosen die Begegnung mit Frauen (91%) bzw. die Beziehung zu einer Frau (68%).

Ein solcher Befund konvergiert stark mit modernen Erkenntnissen aus der Neurowissenschaft (Joachim Bauer[5], Gerald Hüther[6]): Gedeihliche Entwicklung jedes Menschen geschieht am ehesten in einem Raum einer angstmindernden Wertschätzung, einer annehmend-förderlichen Liebe – sie verlangt somit nach Begegnung und Beziehung.
Im Rahmen der vorliegenden Studie bleibt die gewichtige Frage offen, was aus solchen Beziehungen, in denen Reifung geschieht, längerfristig wird. Wachsen daraus faktisch partnerschaftliche Beziehungen, die ein Leben lang währen, ohne dass sie als solche in der großen Öffentlichkeit sichtbar werden, oder gehen solche „Reifungsbeziehungen" in Brüche, weil sie den Schatten an sich tragen, dass die ihrer inneren Dynamik nach zweckfreie Liebe hier verzweckt der Selbstheilung „dient"?
Ebenso möglich ist es aber auch, dass Rainer Maria Rilke den Weg einfühlsam bedichtet, auf den ein Reifungsweg führt.
Im *Stundenbuch. Vom mönchischen Leben* ist zu lesen:

Ich liebe dich, du sanftestes Gesetz,
an dem wir reiften, da wir mit ihm rangen;
du großes Heimweh, das wir nicht bezwangen,
du Wald, aus dem wir nie hinausgegangen,
du Lied, das wir mit jedem Schweigen sangen,
du dunkles Netz,
darin sich flüchtend die Gefühle fangen.

Du hast dich so unendlich groß begonnen
an jenem Tage, da du uns begannst, -
und wir sind so gereift in deinen Sonnen,
so breit geworden und so tief gepflanzt,
dass du in Menschen, Engeln und Madonnen
dich ruhend jetzt vollenden kannst.

Lass deine Hand am Hang der Himmel ruhn
und dulde stumm, was wir dir dunkel tun.

Priesterausbildung

> *Zuviel Arbeit - es fehlt die Kommunikation - ich glaube, viele Priester haben ein Problem mit sich selbst - für viele ist die Erziehung im Seminar ein Problem. Sie sind dort abgeschottet und dann eben weltfremd - für mich ist es unverständlich, wieso so viele ein Burnout haben oder depressiv sind. Die Belastbarkeit spielt hier eine Rolle - ich glaube, für viele ist es ein Problem - und die Einbildung, dass man privilegiert ist gegenüber den anderen Menschen.*

Das Priesterseminar steht zwar in der Rangliste der Formkräfte ziemlich weit unten, hat aber aus der Sicht der Befragten bei den meisten Befragten (70%) durchaus eine positive Wirkung entfaltet. Zu dieser eigenen Erfahrung scheint der Wunsch in Spannung zu stehen, dass „*in der Priesterausbildung mehr Wert auf menschliche Reife zu legen*" ist. 71% treten voll und ganz dafür ein, weitere 21% stimmen zu (das sind zusammen mit 92% mehr oder minder alle!). *(Siehe Tabelle 4)*

Kirchliche Sexualmoral

> *Von der Kirchenführung her große Ehrlichkeit in Fragen der Sexualität - Umgang mit Menschen - Heilsdienst nicht Gesetzeswerk - die Botschaft Jesu zählt nicht die Gesetze, wichtig ist eine große Hürde zu Menschen - die Homosexualität behindert - zölibatäres Gespür für die armen Menschen am Rande - caritatives Gespür muss hoch bleiben - große Authentizität bei Handlungen und Gebeten - Einfühlsamkeit und Gespür ganz wichtig und geschätzt wird ein unaufdringlicher bescheidener Umgang mit den Menschen - Kontaktfreudigkeit - Humor wird geschätzt - Lebensfreude - positive Sicht zur Sexualität - große Ehrlichkeit - große Natürlichkeit - Gespür im Umgang mit Kindern - gesunde Nähe und gesunde Distanz - nicht künsteln - große Freude und Interesse am Evangelium mit Menschenwort Christi, wie kann man das im Leben umsetzen.*

Beweglichkeit in Fragen der Sexualität - anerkennen, dass sehr viele Priester homosexuell sind - klares JA zu Homosexualität - Beweglichkeit der Kirchenleitung in den bereits angesprochenen Themen.

Begegnungen werden für die psychosexuelle Reifung als entscheidend eingestuft. Daher überrascht es nicht, dass einer kirchlichen „Sexual-*lehre*" (36% – 11% sehr positiv, 25% positiv), weil sie eben nicht Begegnung, sondern „nur" Lehre ist, schon von Haus aus weniger Gewicht beigemessen wird. Wenn sie Wirkung zeigte, dann bei einer Mehrheit negativ: 20% der Pfarrer geben ihr eine sehr negative Bedeutung, weitere 38% eine negative – zusammen (58%) weit mehr als die Hälfte. *(Siehe Tabelle 4)*
Leidet aus der Sicht der Befragten die kirchliche Sexualmoral unter einer manichäischen Grundstimmung, die seit Augustinus der westlichen Moraltradition nachgesagt wird und welche die europäischen Kulturen zeitweise und konfessionsübergreifend (zeitweilig den angelsächsischen Protestantismus mehr als den barocken Wiener Katholizismus) überformt hat? Leib- und Sexualfeindlichkeit sind aber der psychosexuellen Reifung nicht dienlich. Sollte – darauf gestützt – die Ehelosigkeit mancher katholischer Pfarrer (immer noch?) von einer solchen leib- und sexualfeindlichen Grundstimmung eingefärbt sein, könnte sie zur Stagnation der psychosexuellen Reifung eines Priesters durchaus beitragen. Aber auch dieser negative Einfluss würde faktisch über Begegnungen mit belasteten Eltern (hier zumeist mit Müttern) sowie über ungeeignetes Personal in kirchlichen Erziehungseinrichtungen (Religionsunterricht, Priesterseminare) laufen.
Die befragten Priester erwarten sich von ihrer Kirche, dass sie – angestoßen durch die Missbrauchskrise – über sich selbst nachdenkt und bereit ist, eine Überprüfung der kirchlichen[7] (katholischen) Sexualkultur vorzunehmen. *„Sexueller Missbrauch soll zum Anlass genommen werden, grundsätzlich über den kirchlichen Umgang mit Sexualität nachzudenken."* Dies halten 58% für völlig

TABELLE 4: Welchen Einfluss – positiv oder negativ – hatte auf Ihre psychosexuelle Reifung, also die Integration der sexuellen Kräfte in Ihre Persönlichkeit

	positiv	eher positiv	eher negativ	negativ	weiß nicht
Spiritualität	65%	29%	4%	0%	3%
Begegnung mit Frauen	51%	40%	6%	1%	2%
priesterliches Vorbild	57%	29%	8%	2%	5%
gleichaltrige Jugendliche	31%	48%	14%	3%	4%
Mutter	44%	39%	11%	3%	4%
Vater	39%	33%	13%	4%	11%
Beziehung zu einer Frau	29%	39%	11%	6%	15%
Begegnung mit Männern	25%	38%	17%	9%	11%
Priesterseminar	32%	38%	14%	6%	11%
Religionslehrer in Schule	28%	37%	19%	5%	12%
kirchliche Sexuallehre	11%	25%	38%	20%	6%
andere sexuelle Erfahrungen	9%	20%	18%	18%	35%

richtig und weitere 22% der Pfarrer für richtig: Sie bilden zusammen eine beeindruckende Mehrheit von 80%.[8]

ERGEBNIS 4: Für die psychosexuelle Reifung der befragten Pfarrer gibt es drei formende Kräftebündel – das Elternhaus im Verbund mit den gleichaltrigen Jugendlichen; kirchliche Vorbilder (Priester, Religionslehrer), die Begegnung mit Frauen/Männern bzw. die Beziehung zu einer Frau. Dem Priesterseminar wird mehrheitlich eine positive Rolle nachgesagt, wenngleich 92% meinen, dass in der Priesterausbildung mehr Wert auf menschliche Reifung zu legen sei. Die kirchliche Sexuallehre sehen 58% eher als negativ an. Die Frage ist offen, wie und ob im Rahmen der kirchlich vorgegebenen zölibatären Lebensform ein psychosexuelles Nachreifen eher behindert wird.

Pfarrerleben heute

Menschliches Leben ist befriedigend – und der Einzelne ist zufrieden – wenn zwei Bereiche „gut gehen“: Lieben und Arbeiten, oder benediktinisch ausgedrückt: „Ora et labora!“ Bete und arbeite! Beten, noch klarer anbeten, steht für das Zweckfreie, arbeiten für das Zweckvolle. Zweckfreies und Zweckvolles ergeben zusammen Lebenssinn. Viktor Frankl formulierte als Anleitung gegen den Sinnverlust: „Lebe für jemanden oder für etwas!“ Auf diese Weise hat er die absolute Sinnlosigkeit von Auschwitz überstanden.
Ist aus diesem Blickwinkel heraus das Leben der katholischen Pfarrer zufriedenstellend, „schalom“, ganz? Wir haben die Pfarrer gefragt, wie es ihnen in dieser Hinsicht ergeht. Näherhin:

- Wie steht es also um die berufliche Arbeit der Pfarrer? Was macht die dramatischen Veränderungen in der Lage des Glaubens in modernen Kulturen mit ihnen? Wie erleben sie die mit dem Rückgang kirchlichen Lebens verbundenen Veränderungen in ihrer Pfarrerrolle? Und weil sie der dramatische Priestermangel und die damit verbundenen Umstrukturierungen der Seelsorgsräume unmittelbar betrifft: Welche Ideen haben sie zur Abmilderung des Priestermangels?
- Wie gestalten Pfarrer ihre private Lebenswelt? Wie organisieren sie ihren Haushalt? Wo fühlen sie sich daheim? Wie gehen sie mit Einsamkeit um? Wie evaluieren sie ihre Erfahrungen mit ehelosem Leben, mit dem Zölibat? Spielt dabei die „freie Wahlmöglichkeit“ eine nachhaltige Rolle, was aus dem Vergleich der Erfahrungen von Weltpriestern („Pflichtzölibat“) und Ordensleuten („Gelübde der Ehelosigkeit“) ansatzhaft erschlossen werden kann?

Kurzum: Wie geht es den Pfarrern mit Arbeiten und Lieben?

Wie Pfarrer heute arbeiten

Für die berufliche Arbeit der Pfarrer ist die Lage von Glaube und Kirche und deren Entwicklung von grundlegender Bedeutung. Die Pfarrer spüren, dass in den letzten Jahren die Kultur und mit ihr die Kirche in einer tiefen Transformationskrise stecken. Unübersehbar sind Kirchenaustritte, Überalterung im Kirchenvolk wie in der Pfarrerschaft, das Fehlen von Kindern und Jugendlichen in den Gemeinden, der Mangel an Priestern.

Wie sehr die Kirche aus der Sicht der Pfarrer in einer tiefen Krise steckt (und zwar jenseits jener Akutkrise, in welche sie durch den ans Licht gebrachten sexuellen Missbrauch von Kindern geschlittert ist), kann auch daran abgelesen werden, dass lediglich 34% der befragten Pfarrer der Ansicht sind: *„Die Kirche wird sich in den nächsten zehn Jahren erholen."* Deutlich mehr hingegen sehen kein Ende der kirchlichen Übergangskrise. 53% meinen, dass *„die Zahl der Kirchenmitglieder in den nächsten zehn Jahren rasch abnehmen"* wird. Die gefühlten Zeichen stehen auf Rückgang, ja Niedergang. Allerdings sind 61% *„zuversichtlich, dass die Kirche nach den vielen Skandalen zu neuem Ansehen kommt"*.

> *Man hat das Gefühl, es geht bergab - es kommen immer weniger Leute in die Kirche - das Verständnis nimmt ab - man verwaltet als Priester den Untergang der Kirche.*

In ihrer Arbeit unmittelbar betroffen sind die Pfarrer durch den sich ausweitenden Priestermangel. Die Art, wie die Kirchenleitung damit umgeht, berührt die Pfarrer in ihrer Arbeit unmittelbar. Die pastoralen Räume werden entlang der sinkenden Zahl verfügbarer Pfarrer vergrößert. Den Pfarrern werden in der Verantwortung für die Leitung großer Räume neue Aufgaben gestellt. Das, was sie bisher gemacht haben, tritt in den Hintergrund. Wie geht es den Pfarrern mit diesem Kirchenumbau und der Erfahrung, dass sie sich in ihrer Arbeit als Pfarrer neu orientieren müssen: ob sie das wollen oder nicht?

Überlastung

> *Dass die Aufgaben so bleiben, nicht unbewältigbar mehr werden – dass ich in der Pfarre allein bleiben kann, nicht fünf Pfarren dazu bekomme. Wenn ich gesund bleibe, kann ich das noch einige Zeit machen.*
>
> *Es sollte weniger so Arbeitsdruck da sein, etwas gelösteres Leben möglich sein, wo man nicht zu sehr von Arbeit erschlagen wird, wo man etwas mehr Zeit für sich selber hat – eine positive Gemeinschaft, wo ich stehen kann – priesterliche Gemeinschaft, auch pfarrlich – dass das mediale Kreuzfeuer wieder etwas abnimmt und etwas ruhiger erlebt wird – dass die Kirche einen gelösteren Weg findet, umzugehen mit der Gesellschaft und den Problemen, die anstehen.*

Ein Merkmal des Pfarrerberufs heute ist dessen notorische Dauerüberlastung. Pfarrer spüren, dass sie zahlenmäßig weniger und zugleich als Berufsgruppe älter werden. Die Arbeit wächst, die Arbeiter werden weniger. Folglich erleben 75% der Befragten, dass den Pfarrern im Zuge des Priestermangels zu viel Arbeit aufgelastet wird. In den Texten zu den offenen Fragen kommen die Begriffe Überlastung und Überforderung 187 Mal vor!

> *Überlastung durch viele Aufgaben – zum Teil die Verwicklungen durch administrative Aufgaben und seelsorgerische.*

Aber nicht nur die Arbeit wird für die weniger werdenden Priester immer mehr. Sie müssen zudem zur herkömmlichen Arbeit hinzu auch tiefgreifend umlernen, weil viele von ihnen aus „Automechanikern“ zu „Werkstattleitern“ werden oder schon geworden sind. Aus Seelsorgern werden Manager in pastoralen Mittelbetrieben.

Im Zuge des Priestermangels wird den Pfarrern zu viel Arbeit aufgelastet.

1	trifft voll zu	231	46.1%
2		145	28.9%
3		81	16.2%
4		21	4.2%
5	trifft überhaupt nicht zu	23	4.6%

ERGEBNIS 5: Drei Viertel der befragten Pfarrer fühlen sich stark überlastet. Eine der Hauptursachen ist für sie der dramatisch zunehmende Priestermangel.

Umstrukturierung

Klare Richtung, wohin sich Gemeindekirchen eigentlich bewegen sollten - Bischof soll klar sagen, wie es mit den Gemeinden weitergehen soll - Widerspruch Großräume und Aussage, dass keine Pfarre geschlossen wird - soll klargestellt werden, was jetzt gilt oder diesen Widerspruch auflösen - Frage der Anerkennung, was Priester wirklich leisten z.B. mehr Lob oder gemeinsame Reflektion, Feedback seitens der Leitung über Arbeit der Priester.

Dass der Glaube der Menschen in Pfarre vermehrt und gestärkt werden könnte - Beteiligung an Gottesdiensten, Messen vermehrt - genügend Mitarbeiter - Kinder, Jugendliche im Pfarrleben mehr integrieren - Zeitgeist ein anderer, nicht glaubens- und kirchenfeindlich - Medien sollten dazu beitragen - patzen die ganze Kirche an, sind sich ihrer Verantwortung nicht bewusst - sind nicht glaubensfeindlich, sondern glaubensfern - mehr geistliche Berufe - mehr Priester durch Änderung der Zulassungsbedingungen - 1 Priester nur 1 Gemeinde zu leiten hätte.

Die befragten Pfarrer sind nicht grundsätzlich gegen eine Neuordnung der pastoralen Räume. Diese soll aber der Optimierung der Seelsorge unter den Lebensbedingungen moderner Menschen dienen und nicht nur der rechtlichen Administration des Priestermangels. Die Pfarrer sehen zu 79%, dass bestimmte Aufgaben (wie Bildungsarbeit, Jugend, Schulung von Mitarbeitenden) in größeren pastoralen Räumen besser gelingen können. Das Konzept „raumgerechter Seelsorge"[9] erscheint ihnen durchaus plausibel.

Große pastorale Räume sind für manche Aufgaben (wie Bildungsarbeit, Jugend, Schulung von Mitarbeitenden etc.) unverzichtbar.

1	trifft voll zu	223	44.5%
2		171	34.1%
3		85	17.0%
4		14	2.8%
5	trifft überhaupt nicht zu	6	1.2%
	weiß ich nicht	2	0.4%

Zugleich aber betonen 91%, dass solche sinnvollen pastoralen Großräume die menschennahen Gemeinschaften nicht ersetzen. Das „Regionalizing" und das „Localizing" der kirchlichen Anwesenheit sind kein Entweder-Oder, sondern bedingen einander geradezu.

Vereinzelt sehen Pfarrer auch einen Sinn darin, aus administrativen Gründen zu kleine Pfarren zusammenzulegen:

> *Klare Lösungen, dass man aus 2 Pfarren eine macht - Entlastung von den Verwaltungsarbeiten, soweit es möglich ist - unsere Pfarren sind zu klein, dafür Lösungen finden - ich bewundere unseren Bischof von St. Pölten für seine Neuerungsvorschläge - wir sollen die Hoffnung nicht ganz aufgeben, dass die Situation besser wird.*
>
> *Ich habe 6 Pfarren zu leiten. Das ist alles unmöglich - wenn es Pfarren mit nur 200 Katholiken gibt, sollte man sie auflösen. Die Meisten sind alle mobil und können woanders hinfahren - un-*

nötige Sitzungen wie Liturgiesitzungen und andere sollte man verkürzen – man sollte mehr Laien zulassen, ihnen mehr Kompetenz geben und die Kluft zwischen Laien und Geistlichen überbrücken – mit der finanziellen Situation nicht so umgehen und nur sparen. Man sollte ein Konzept erstellen, dass man auch mal was investiert.

Große pastorale Räume ersetzen nicht die menschennahen Gemeinschaften.

1	trifft voll zu	386	77.0%
2		68	13.6%
3		32	6.4%
4		7	1.4%
5	trifft überhaupt nicht zu	5	1.0%
	weiß ich nicht	3	0.6%

Die Entwicklung dieser modernen pastoralen Raumstruktur, welche die Lebensräume der unterschiedlichen Milieus und Lebensalter sowie der verschiedenen Aufgaben respektiert, benötigt aber, wenn sie gut gemacht wird, mehr und nicht weniger pastorale MitarbeiterInnen und somit auch mehr Priester. Dabei bleibt offen, ob diese Laien und Priester künftig haupt- oder eher ehrenamtlich arbeiten werden.

ERGEBNIS 6: Eine Folge des Priestermangels ist der tiefgreifende Umbau der pastoralen Räume. Die Pfarrer sind nicht grundsätzlich gegen diese neue Organisation der Seelsorge. Sie schätzen größere Räume für bestimmte Aufgaben. Zugleich halten sie aber die lokale Gemeinde für unverzichtbar. In dieser soll auch jeden Sonntag Eucharistie gefeiert werden können. – Gibt die Kirche die lokalen Gemeinden auf, entfernt sie sich seelsorglich von den Menschen. „Nicht die Menschen entfernen sich von der Kirche, sondern die Kirche von den Menschen" – diese Diagnose von Altbischof Reinhold Stecher wird von sehr vielen Pfarrern geteilt.

Fragwürdiger Umbau der Pfarrerrolle

> *Das Erste wäre die Arbeitsentlastung, indem man die Zulassungsbedingungen zum Priesteramt überdenkt, damit verbunden stellt sich die Zölibatsfrage etc. - Wohn- und Lebenssituation soll verbessert werden - eine bessere Entlohnung - ein kurzes Beispiel: Urlaub, freier Tag, Wegfahren kostet alles was - Auch die Amtskirche muss zu einem positiveren Bild beitragen - Alles was von Rom kommt, muss man sich schämen und wieder gut machen - Das ist schon ein Riesendruck.*
>
> *Dass Kirchenleitung viel mehr hinter ihren Priestern stehen muss und dass sie sich rasch was einfallen lassen müssen oder praktisch handeln, dass Priester entlastet werden. Man kann nicht einem Priester nur Pfarren dazugeben - bessere Ausbildung der Seminaristen auch in punkto Leitung.*

Die derzeit laufende Neuordnung der pastoralen Räume scheint nach Ansicht der befragten Pfarrer nicht nur der Optimierung der Seelsorge nicht zu dienen, sondern verursacht zudem unbemerkt einen ebenso drastischen wie fragwürdigen Umbau der Pfarrerrolle selbst. Er entlastet sie nicht, so die Pfarrer, sondern höhlt zusätzlich ihre Pfarrerrolle aus.

Den Pfarrern wurden zum Umbau ihrer Berufsrolle zwei Fragen gestellt:

- Was möchten sie als Pfarrer gern sein?
- Was wird der Pfarrer in zehn Jahren sein?

Fünf zentrale Merkmale der Berufsrolle wurden vorgelegt:

- Seelsorger an der Seite der Menschen
- Förderer der Mitarbeitenden in den Pfarren
- Leiter eines pastoralen Großraums
- Vorsteher bei der Feier von Sakramenten
- einer, der Christus als das Haupt der Gemeinde erfahrbar macht

Je größer der Raum, desto weniger Zeit hat man für die Leute - Die Zeit ist so schnelllebig - Die Menschen haben auch nicht so viel Zeit für etwas - für Kinder tut man alles - das Kind kommt zu kurz - eine Sonntagsmesse ist weniger wichtig als ein Fußballspiel für die Kirche, dann hat man weniger Ministranten in der Kirche - viele Gruppen, Jungschar nehmen ab, weil die Kinder schon überall sonst sind. Da kriegt man die Kinder nicht mehr für kirchliche Veranstaltungen - Man muss alle Pfarrveranstaltungen der Gesellschaft unterordnen - Früher war der Pfarrer noch für das Dorf interessant - Es ist schwer, dass die Pfarre da etwas anbieten kann, wenn die Seelsorge größtenteils von Ausländern gemacht wird. Die können die Sprache nicht so richtig. Das ist schwierig. Der Wechsel ist zu häufig - Wenn einer mehr Pfarren hat, ist es ein Problem, weil man mit den Leuten nicht so zusammen kommt - Die Zeit ist ein Problem. Man kann nicht in drei Pfarren dann um 10 Uhr die Messe halten, die Veranstaltungen genauso. Ich kann nicht gleichzeitig dann am Abend bei drei verschiedenen sein und alle erwarten sich eine günstige Zeit.

Das Ergebnis macht deutlich, welche tiefgreifende Veränderungen Pfarrer für die nächsten zehn Jahre vor sich sehen.

- Die für sie wichtigste Aufgabe „Seelsorger an der Seite der Menschen“ zu sein halbiert sich von 93% auf 44%.
- Stark ist auch der vermutete Rückgang im Bereich der Feier der Sakramente (von 77% auf 55%) – Pfarrer nehmen offensichtlich an, dass bei der Feier von Sakramenten immer mehr Laien vorstehen werden oder überhaupt weniger Sakramente gefeiert werden.

Dass vermehrt Laien Aufgaben in der Pfarre übernehmen - dass PfarrassistenInnen oder PastoralassistenInnen wirklich Pfarren leiten dürfen und dass sie auch die Taufe spenden dürfen.

Dass mehr Laien aktiv in die Pastoral eingestellt, auch angestellt werden und Kompetenzen bekommen - dass man überlegt, wie man Glaubensleben in Gemeinden bewahren kann, auch wenn kein Priester vor Ort ist - dass der Wortgottesdienst nicht zerrissen wird und die einen da hinfahren müssen und die anderen dort hinfahren müssen - in moralischen Fragen wie der Wiederverheiratung Geschiedener Lösungen zu finden, die den Menschen entgegenkommen, verzeihende liebende Haltung.

- Auch für die Förderung der Mitarbeitenden in den Pfarren haben sie – so sehen sie die Entwicklung kommen – deutlich weniger Zeit (von 78% auf 49%): Obgleich in vielen Entwicklungspapieren gerade diese Aufgabe als immer wichtiger angesehen wird.

Es verwundert, dass dabei auch die amtliche Repräsentanz Christi an Erfahrungsdichte verliert, obgleich diese auf niedrigerem Niveau (51%) dann ein wichtiges Merkmal sein wird. Pfarrer entwickeln sich aus Gottesmännern zu Pastoralmanagern. Droht eine „Entgeistlichung" der „Geistlichen"? Dem entspricht, dass im künftigen Portfolio der Pfarrer lediglich eine einzige Agenda deutlich an Wichtigkeit gewinnt: Die Leitung eines pastoralen Großraums. Der Wert verfünffacht sich von verschwindenden 7% auf beachtliche 33%. Tendenz nach oben offen.

Die Willigkeit der Mitarbeiter in der Pfarre ernster genommen würde - mehr Zeit für mich selbst, mehr Zeit für das Gebet, mehr Zeit für die Erholung - regelmäßigere Kontakte zu dem Ordinariat - das Leben in einer Gemeinschaft wäre auch einfacher, ginge es uns besser, wenn wir keine Einzelkämpfer sind - Manager sein, dass ich das eher verneine, kostet sehr viel Kraft - bin mehr Manager als Seelsorger - mehr ein Praktizierender sein - Begegnungen, nicht nur Sitzungen über Sitzungen - wahre Begegnungen.

Überblickt man die Bewegungen in diesen fünf Bereichen des Pfarrerberufs in den kommenden zehn Jahren – so wie die Pfarrer sie heute sehen –, dann wird deutlich, dass es in vier beliebten Kernbereichen herbe Verluste geben wird und lediglich ein ungeliebter Bereich dazugewinnt. Und das wird schon für die nächsten zehn Jahre so befürchtet. Aus einem Seelsorger an der Seite der Menschen wird der Chef eines pastoralen Mittelunternehmens. Aus einem Geistlichen ein Manager – eine Aufgabe, die freilich in den einschlägigen Dokumenten als „geistlich leiten" umrissen wird.[10] Dabei wird dieser eine der wichtigsten Aufgaben eines Leiters eines Mittelbetriebs nicht erfüllen können: nämlich die Förderung der Mitarbeitenden in den Subunternehmen, den derzeitigen Pfarren.

TABELLE 5: Entwicklung der Pfarrerrolle in den nächsten zehn Jahren

	Seelsorger an der Seite der Menschen	Vorsteher bei der Feier von Sakramenten	Förderer der Mitarbeitenden in den Pfarren	einer, der Christus als das Haupt der Gemeinde erfahrbar macht	Leiter eines pastoralen Großraums
Als Pfarrer möchte ich gern sein	93%	77%	78%	78%	7%
Der Pfarrer ist für mich in zehn Jahren wahrscheinlich	44%	55%	49%	51%	33%
Differenz	-50	-22	-29	-27	27

Den Pfarrern ergeht es in diesem Rollenumbau ähnlich wie vielen Mitgliedern in Pfarrgemeinderäten. In der Auswertung der Studie aus dem Jahre 2009 ist zu lesen:

„Das Zweite Vatikanum war für die Menschen und die Organisation (von einigen Verweigerern abgesehen) ein eindeutiger Verbesserungswandel. Ein Verbesserungswandel bringt Innovation, Wachstum, Aufschwung und Aufbruch mit sich. So die Sprache der Organisationsentwicklung.

Der andere Pol dagegen heißt ‚schwieriger Wandel'. Dieser beinhaltet Verlust, Umdenken, Abbau. Es ist unschwer zu erraten, um welche Art des Wandels es sich bei den derzeit im Gang befindlichen Strukturprozessen handelt. Der Auslöser war mehr die Not als die Notwendigkeit."[11]

ERGEBNIS 7: Eine fatale Nebenwirkung des Priestermangels und des daran gebundenen Umbaues der Seelsorgsräume sehen die befragten Pfarrer in einem tiefgreifenden Wandel in ihrer Pfarrerrolle selbst. Alle Aufgaben, die ihnen „heilig" sind (menschennahe Seelsorge, sakramentale Feiern, Christus zu repräsentieren, Mitarbeiterförderung), sehen sie in den kommenden zehn Jahren schwinden. Einzig die Anforderung, größere pastorale Räume zu managen, wird in diesem Zeitraum rasch zunehmen. Dieser Wandel in der Pfarrerrolle wird von den Pfarrern nicht gesucht und gewünscht, sondern erlitten. Er gilt nicht als Gewinn, sondern als schwerwiegender Verlust, der demotiviert.

Wege zu mehr Priestern

Kein Wunder, dass auf dem Hintergrund solcher Entwicklungen Pfarrer aus Überlebensgründen und Sorge um ihre Kirche und die von ihnen begleiteten Menschen darüber nachsinnen, wie es künftig mehr Priester geben könnte. Ein Schritt dazu ist aus der Sicht der Befragten die Ausweitung des Personenpools, aus dem die katholische Kirche ihre Priester auswählt.

Es fehlt nicht an Berufungen

> *Sicher die Freistellung der Lebensform - die Weihe von Frauen - solidarisches Denken - Akzeptanz und mehr Toleranz für eigene Lebenswege seitens der Kirchenleitung - mehr Demokratie in der Kirche – und positive Sexualität - neue Zugänge zum Amt – und Bestellung der Bischöfe – dass die in einem transparenteren Modus geschehen – positiv bejahend zur Ehe.*

Dieser Pool der ehelosen, akademisch ausgebildeten Männer ist offensichtlich in weiteren Teilen der katholischen Weltkirche zu unergiebig geworden. Dabei fehlen laut einer Reihe von Studien[12] zum Personal in der katholischen Kirche keineswegs die Berufungen zum Priesteramt:

- Unter den Diakonen ist etwa ein Drittel, die als „Leviten" gleichsam „Diakone im presbyteralen Standby" sind.
- Unter den PastoralreferentInnen sind nicht wenige Männer und Frauen, die „presbyteralisieren" – also faktisch als PresbyterInnen arbeiten oder PresbyterInnen sein und als PriesterInnen arbeiten möchten.
- Studierende der katholischen Theologie an den Fakultäten wähnen sich persönlich zum Priesteramt berufen, sie möchten aber das Amt mit der Ehe/einer Partnerschaft verbinden.
- Nicht zuletzt sind unter den ehrenamtlich Engagierten in den Gemeinden und Pfarrgemeinderäten nicht wenige, die als „gemeindeerfahrene Personen" und in diesem Sinn als „personae probatae" in geeigneter Weise ausgebildet werden könnten; der Bischof könnte sie dann in örtlichen Gemeinschaften in „örtliche Presbyterien" weihen und damit in priesterlosen Gemeinde ein „Ältestenteam"[13] einrichten, für diese Gemeinde oder für den pastoralen Großraum, dem diese örtliche Gemeinschaft angehört, zugeordnete Presbyter. Diese könnten verheiratet sein oder nicht, und sie würden ihr Amt „ehrenamtlich" ausüben.[14]

Dass man das Zölibat freistellt - dass man mehr Priester hat, jede Gemeinde einen hat - die Pfarrer dadurch entlastet werden - mehr Leute weiht, egal ob Mann oder Frau - die Kirche sich grundsätzlich mit einem positiven Bild von Sexualität auseinandersetzt - das moderne Bild respektiert.

Meine Meinung ist die, jede kleine Gruppe hat das Recht, einen Priester zu haben. Der kann aus der Gemeinde sein, muss nicht geweiht sein, je kleiner die Gruppe ist, desto mehr kann er sich damit beschäftigen. Wenn es in einem Ort nur 2 Einwohner gibt, haben die das Recht, einen Priester zu haben. Ob der verheiratet ist oder nicht, ist vollkommen egal. Die Eucharistie ist wichtig. Ob es eine Frau ist, ist egal. Er muss glaubwürdig sein …

Die befragten Pfarrer sehen diese vielen, die sich von Gott zum Priesteramt berufen fühlen. Sie sind mehrheitlich, wenngleich mit unterschiedlichem Gewicht, der Ansicht, dass die Kirche diese subjektiv empfundenen Berufungen ekklesial annehmen sollte. Manche argumentieren in dieser Hinsicht mit der freien Wahl der Lebensform auch für die AmtsträgerInnen der Kirche.

Weil oft zu wenig Unterstützung von oben her ist, diese päpstlichen Entscheidungen so wie der Williamson - verschiedene Schweigeexerzitien, wo nix gesagt wird - Man wird oft allein gelassen. Das Ordinariat kommt erst, wenn sie was von dir brauchen. Wenn du was brauchst, sind oft die Ohren taub.
Priesterausbildung ist mir schon sehr wichtig. Die Ausbildner brauchten eine Ausbildung. Da seh ich ein ganz großes Manko. Lieber wenige Priester, als dass man alles Mögliche zamweicht. Kann mir gut vorstellen, wenn die Eucharistie Quelle sein soll, muss man schauen, was ist jetzt wichtiger das Zölibat oder die Eucharistie, die religiöse Bildung der Pfarrer muss sehr beachtet werden, dass die Priester eine gewisse Weiterbildung haben.

Andere stellen das „Recht der gläubigen Gemeinden auf Eucharistie“ in den Mittelpunkt und halten es theologisch für unzulässig, die Eucharistiefähigkeit der Gemeinden der ehelosen Lebensform der Priester unterzuordnen. Die pastorale Argumentation fand 2000 unter den in Österreich befragten deutlich stärkere Zustimmung als die „menschenrechtliche“:

	viri probati wegen der Eucharistiefähigkeit gläubiger Gemeinden	viri probati als Menschenrecht
ja	54,0%	32,1%
eher ja	24,7%	26,3%
eher nein	9,3%	17,1%
nein	6,7%	17,7%
keine Angabe	5,4%	6,9%

Österreich 2000

Das sind nun die Positionen der im Jahr 2010 befragten Pfarrer zu diesem Thema:

- An erster Stelle rangiert die *Weihe von bewährten verheirateten Männern* zu Priestern. 62% sind voll und ganz dafür, weitere 17% stimmen abgestuft zu. Ergibt zusammen 79%.
- Eine ähnlich hohe Zustimmung findet der Gedanke: *„Kann die Kirche in gläubigen Gemeinschaften keinen ehelosen Priester zur Verfügung stellen, sollen bewährte Personen aus der Gemeinschaft ausgebildet und geweiht werden.“* Hier liegt die eindeutige Zustimmung bei 57%, dazu kommen weitere 18% mit einfacher Bejahung. Das sind zusammen 75%.
- Eine Mehrheit von Pfarrern (62%) äußert den klaren Wunsch, *laisierte Priester* wieder in Dienst zu nehmen. Sie gehen in dieser Hinsicht einen Schritt weiter: Denn ebenso viele (62%) wünschen auch, dass jene Priester, die jetzt heiraten möchten, im Dienst bleiben können. Diese Frage wurde dem jeweiligen Befragten auch persönlich gestellt. So haben sie geantwortet:

Wenn Priester die Möglichkeit hätten, bei Behalten ihres Amtes zu heiraten: würden Sie dann weiterhin ehelos leben?

1.	sicher	234	46.7%
2.	wahrscheinlich	164	32.7%
3.	wahrscheinlich nicht	66	13.2%
4.	sicher nicht	27	5.4%
	weiß ich nicht	10	2.0%

Der Großteil der befragten Pfarrer möchte diese Vorgehensweise also nicht für sich selbst, sondern für andere angewendet wissen. Nur 19% der Ansicht, sie würden – könnten sie das Amt behalten – (wahrscheinlich oder sicher) nicht weiterhin ehelos leben wollen.

- Schließlich können sich 51% der Befragten auch die *Weihe von Frauen* zu Priesterinnen vorstellen:

Die katholische Kirche soll Frauen zu Priesterinnen weihen.

1	trifft voll zu	165	32.9%
2		92	18.4%
3		80	16.0%
4		52	10.4%
5	trifft überhaupt nicht zu	107	21.4%
	weiß ich nicht	5	1.0%

TABELLE 6: Ausweitung des Pools für AmtsträgerInnen

	stimme voll zu	stimme zu
Die katholische Kirche soll Frauen zu Priesterinnen weihen.	33%	18%
Die katholische Kirche soll verheiratete Männer zu Priestern weihen.	62%	19%
Priester sollen heiraten und im Dienst bleiben können.	48%	14%
Die katholische Kirche soll laisierte Priester wieder in den Dienst nehmen.	43%	19%
Kann die Kirche in gläubigen Gemeinschaften keinen ehelosen Priester zur Verfügung stellen, sollen bewährte Personen aus der Gemeinschaft ausgebildet und geweiht werden.	57%	18%

ERGEBNIS 8: Die Pfarrer sehen die Ausweitung des Pools, aus dem künftig die katholischen Priester kommen, für unumgänglich an. Das allein kann sie entlasten und das drohende Ausbluten ihrer Berufsrolle verhindern. Zudem sehen sie in der Weihe von Verheirateten, von Frauen, von gemeindeerfahrenen Personen mit nichtakademischer Bildung eine Anreicherung des Priesteramts mit den Lebenserfahrungen von Frauen und von Partnerschaften. Diese Ausweitung wünschen auch jene Pfarrer, die auch dann weithin ehelos blieben, wenn sie heiraten könnten. Dieser Gruppe von Pfarrern geht es nicht um die „Abschaffung des Zölibats", sondern um einen Qualitätsgewinn für das Priesteramt.

Dissonanzen

Wir stehen hier vor einem von mehreren Beispielen, an dem ein gravierendes Problem der katholischen Kirche anschaulich wird: nämlich die beträchtliche Kluft zwischen Leitung, Pfarrern, Kirchenvolk in wichtigen Belangen kirchlichen Lebens und Lehrens. Den Pfarrern waren zwei Aussagen vorgelegt worden, mit denen das Verhältnis – ihrer eigenen Person, des Kirchenvolks – zur Kirchenleitung eruiert werden sollte. Das Ergebnis stimmt sehr nachdenklich:

Kirchenleitung und Kirchenvolk

> *Unklare Kirchenstrukturen herrschen - Meinung zwischen Rom und den Menschen klafft auseinander, weil sie ganz allein sind - zuviel Arbeit - alles läuft auf die Bischöfe hin - zuviel Verantwortung- Kirche ist Monarchie, da gibt's keine Demokratie.*

74% – 42% völlig richtig, 32% richtig auf fünfteiliger Skala – der Pfarrer beobachten, dass die Vorstellungen der Kirchenleitung und des Kirchenvolks immer weiter auseinanderklaffen. Die Frage, was geschehen soll, um den dramatischen Priestermangel zu überwinden, ist ein Beispiel dafür. Andere erwähnen im gleichen Atemzug die offiziell verkündete Sexualmoral, wieder andere die Fragen der Zentralisierung der Macht und den Mangel an Beteiligung auf allen Ebenen der Kirche.

Zur Veranschaulichung noch einmal das Beispiel „Behebung des Priestermangels“ und die Optionen des Kirchenvolks in dieser Frage. In einer Studie an Pfarrgemeinderäten haben die Befragten folgende Lösungen vorgeschlagen: (*Siehe Tabelle 7*)

Kirchenleitung und Pfarrer

> *Na ja, ich würd mir vom Bischof wünschen, dass jedes Pfarrhaus so ausgestattet ist, dass ich mich nicht drum kümmern muss - Es*

TABELLE 7: Behebung des Priestermangels

beten um Priester	7%
ausländische Priester holen	1%
größere Seelsorgsräume	15%
Diakone einsetzen	3%
hauptamtliche Laien	16%
ehrenamtliche Laienteams	0%
gemeindeerfahrene Personen weihen	2%
viri probati	51%
laisierte Priester zurückholen	17%
Frauen weihen	15%
bei anderen Kirchen lernen	1%
unlösbar, unzuordenbar	4%

PGR-Studie Österreich 2009

wäre gut, wenn die Vorgesetzten sich nicht nur als Postboten von Rom zu den Pfarrern verstehen, sondern umgekehrt, sich mehr trauen und mehr zulassen ohne Rückfragen - dass das Urkirchliche wieder möglich wird und das Freistehen der jeweiligen Lebensform, ob verheiratet oder nicht, die Frau in der Kirche und den Mut, die Dienste, das Amt für die Frau in der Kirche zu öffnen.

Ich brauche gar nichts für mich, in meiner Situation ist es mir eigentlich ziemlich egal, natürlich hätte ich gerne funktionierende Kirchenleitung und Veränderungen, aber die betreffen meine Pfarre wenig - Pfarre ist abgeschlossen von der Kirche – ist ein Biotop - natürlich würde es einen freuen, wenn es Leute gibt, die was weitertun, Führungskräfte, die Reformen machen, aber das betrifft mich in der Pfarre nur peripher. Natürlich möchte ich, dass Frauen geweiht werden können, aber das betrifft mich nicht, außer dass vielleicht blöde Bemerkungen von der Kirchenleitung kommen.

Die Unstimmigkeit mit der Kirchenleitung finden wir freilich nicht nur im Kirchenvolk. Auch die befragten Pfarrer sagen zu 52% – 21% völlig richtig, 31% richtig auf fünfteiliger Skala – dass sie in wichtigen Fragen anders denken als die Kirchenleitung. Ist schon die starke Kluft zwischen Kirchenvolk und Kirchenleitung bedenklich, so ist die Dissonanz zwischen Pfarrern und Kirchenleitung in wichtigen Fragen organisationshygienisch geradezu fatal. Denn Pfarrer sind ja in der Kirche so etwas wie leitende Angestellte. Was bedeutet es, dass sich die Hälfte der Befragten in wichtigen Themen nicht mit den Ansichten der Kirchenleitung identifizieren können, ja zu dieser in Widerspruch stehen.

Natürlich leide ich unter der Spannung eines horizontalen Schismas - Mehr Durchlässigkeit würde ich erhoffen - Zweites Vatikan. Konzil nicht zurückdrehen, dafür lebe ich moderaten Ungehorsam, den ich verantworte.

Weiß die Kirchenleitung darum? Wenn nein, dann fragt man sich, wie eine derart ahnungslose Leitung leiten kann. Wenn aber ja: Wie erklärt sie sich diese Dissonanz? Eine Deutungsmöglichkeit wäre, dass diese Hälfte der Pfarrer durch die modernen Ansichten aus der Welt „verdorben" worden ist. Doch könnte es auch sein, dass die Pfarrer, das Ohr am Herzen des Volks, deutlicher spüren, dass sich die Kirche mit manchen ihrer überkommenen Ansichten schwer tut, das Evangelium ins Leben der Menschen und in die Entwicklung der Gesellschaften und der Kultur einzuweben. Und weiter wäre zu fragen, was die Kirchenleitung unternimmt, um die enorm große Dissonanz zum Volk und zu ihren leitenden Angestellten zu verringern – vielleicht durch mutige Reformen? Die Hoffnung auf solche Reformen ist freilich bei den Pfarrern sehr gedämpft. Die Hälfte der Befragten erlebt die Kirchenleitung als hilflos und visionslos. Lediglich 24% sind nicht dieser Ansicht. Ein Viertel (27%) liegt im unentschiedenen Mittelfeld.

Von der Diözesanleitung her klare Visionen für eine verwirklichbare Pastoral.

Die Visionen fehlen - persönliche Lebensenttäuschungen, die nicht aufgearbeitet sind - Fähigkeit, mit dem Scheitern umzugehen.

Ich erlebe die Kirchenleitung hilflos/visionslos.

1	trifft voll zu	96	19.2%
2		147	29.3%
3		136	27.1%
4		73	14.6%
5	trifft überhaupt nicht zu	48	9.6%
	weiß ich nicht	1	0.2%

Das ergibt organisationsentwicklerisch eine angespannte Lage. Es zeigt sich ein enormer Problemstau, und dies in einer Organisation, deren Stärken gerade nicht der innerkirchliche Dialog, die konsultative Kommunikation sowie die wilde Entschlossenheit, Reformen durchzuführen, sind.

Überschaubare Gemeinschaften, für die ich als Pfarrer zuständig bin - eine stärkere Identifikation mit der Kirchenleitung und umgekehrt mehr Möglichkeiten für Fortbildung - Abschaffung des Pflichtzölibat - ein Umdenken der Kirche, wenn es um die Stellung der Frau geht, um Sexualmoral - mehr Wertschätzung für so genannte Laien in der Kirche - mehr Delegation und Macht an so genannte Laienmitarbeiterinnen und –mitarbeiter.

Die Leitung setzt hingegen andere Signale: Kirchenvolksbegehren, welche Reformanliegen artikulieren und medial bewerben, gelten letztlich als unbotmäßiges Aufbegehren; die Petition einer Pfarrerinitiative hatte es schwer, von entscheidenden Stellen der Weltkirche entgegengenommen zu werden und wurde – vorhersehbar und überraschungsfrei – mit genau jenen Argumenten zurückgewiesen, mit denen die Organisatoren ihre Initiative begründet haben. Der Laieninitiative geht es nicht viel besser.

Die katholische Kirche riskiert mit einer solchen Vorgangsweise, ihr loyales Reformpotential durch andauernde Enttäuschung zu verlieren. Was übrig bleibt, sind jene beharrenden Teile des Kirchenvolks, die mit der Modernisierung des Lebens nicht Schritt halten können oder auch gar nicht wollen.

> *Offenheit von der Kirchenleitung – dass von Kirchenleitung zur Kenntnis genommen wird, was in den Gemeinden gelebt und gewünscht wird – im Auftreten der Gesellschaft mehr Offenheit und Phantasie – das ist alles so eine verstaubte Geschichte – Kirche muss insgesamt viel politischer werden.*

Mit welchen Kräften sollten dann aber die fälligen Reformen bestritten werden? Oder sind die Weichen schon längst gegen Reformen gestellt, auch mit dem möglichen Ausgang, dass sich die Krise der Kirche weiter verschärft und die Kirche durch ihre eigene Mut- und Tatenlosigkeit die Entkirchlichung weiter Teile Europas geradezu forciert und in der Folge auch mit zu verantworten hat?

TABELLE 8: Dissonanzen

	trifft voll zu	trifft zu
Ich denke in vielen wichtigen Fragen anders als die Kirchenleitung.	21%	31%
Die Vorstellungen von Kirchenleitung und Kirchenvolk klaffen in wichtigen Fragen immer mehr auseinander.	42%	32%

Manche Priester verweisen in den Offenen Fragen auf ein Instrument zum Abbau der Dissonanzen mit der Kirchenleitung. Sie wünschen sich mehr Mitsprache bei der Ernennung ihres Bischofs:

> *Das Erste ist die Bestellung der Bischöfe auf demokratischer Basis – dass die Pfarrer oder das Volk dabei mehr mitreden, vor allem*

die Pfarrer – ich bin in der Diözese St. Pölten aufgewachsen. Bestellung wie Bischof Krenn habe ich nie verstanden, da steigt heiliger Zorn in mir auf, und bei Küng war es dasselbe, und vor allem, weil ich weiß, dass es in der Diözese genug fähige Priester gegeben hätte, die auch die Akzeptanz der breiten Bevölkerung gehabt hätten – das ist in der Kirchengeschichte interessant, siehe Ambrosius – dass die verheirateten Priester wieder ins Amt zurück geholt werden – und vor allem, dass viri probati eingesetzt werden, die von der Bevölkerung auch gewählt werden – ich kann mir das in meiner Pfarre hier sehr gut vorstellen. Wenn ich nicht mehr hier bin, da gibt es einen, der sehr wahrscheinlich mehr Akzeptanz als ich selber hätte – vor allem in kleineren Landgemeinden wäre das wichtig, aber auch in den Städten.

ERGEBNIS 9: Es gibt eine dramatische Dissonanz zwischen der Kirchenleitung und dem Kirchenvolk (bei 74% wird von den Pfarrern eine solche vermutet) sowie der Kirchenleitung und den „leitenden Angestellten" der Kirche: ihren Pfarrern (52%).

Wie Pfarrer heute leben

Menschen sind wie Bäume. Sie wachsen und wurzeln, erleben Mobilität und Stabilität. Wenn sich der Pfarrerberuf entwickelt, wie die Pfarrer selbst das für die nächsten zehn Jahre vorhersehen, wird es für sie auf Grund der größeren pastoralen Räume, für die sie Pfarrer sind, einen enormen Mobilitätsschub geben.
Damit wird aber zum Ausgleich auch der Stabilitätswunsch wachsen, sollen die Pfarrer menschlich nicht gänzlich entwurzelt werden. Die Frage, wo ein Priester „daheim" sein wird, gewinnt noch mehr an Dringlichkeit, als sie schon heute auf Grund der vorhandenen gesellschaftlichen Mobilitätszumutungen (Reisen, Bildung, Arbeit, Medien) hat.
Daheim, das meint wohnen. Wohnen wieder meint nicht nur vier Wände und gute Einrichtungen. Wohnlich sind auch Menschen und gute Beziehungen zu ihnen. Das zeigt auch die Rede vom „Beiwohnen", also von Eros und Sexualität.

Haushaltsorganisation

> *Frage des Haushaltes verbessern - dass man mehr im Haus betreut wird, was früher eine Haushälterin gemacht hat - dass die Gemeinde den Priester mehr in familiäres Leben integriert - Angebote der Gemeinde, wo der Priester dabei sein kann, z. B. Familienrunden evtl. Freizeitpläne miteinander.*

Eine Umfrage des Priesterrats in der Erzdiözese Bamberg hat ergeben, dass die Wohnsituation für die Lebenszufriedenheit eheloser Pfarrer sehr wichtig ist.
Es wird hier nicht übersehen, dass die Organisation des Haushalts kein spezifisches Pfarrerthema ist. Denn es betrifft alle erwachsenen Menschen, besonders die Berufstätigen, egal ob Mann oder Frau. Wie Pfarrer ihren Haushalt organisieren, hat auch nicht

jenes Gewicht wie jene Teilthemen, die auf diesen Abschnitt folgen: wie Einsamkeit oder Zufriedenheit mit dem ehelosen Leben. Wie sieht es nun diesbezüglich in den Pfarrhäusern der katholischen Pfarrer in Österreich aus?
So organisieren die befragten Pfarrer ihren Haushalt: Sehr viele haben (auch wohl aus finanziellen Gründen) eine stundenweise oder eine ständige Haushaltshilfe. Der Großteil der Pfarrer, vor allem wenn sie nicht zu einer Ordensgemeinschaft gehören, lebt allein. Ein Drittel macht Hausmann – manchmal notgedrungen. Denn ein in den offenen Fragen oftmals angesprochenes Thema ist jenes der Finanzierbarkeit einer „Haushälterin", die zugleich eine stabile Ansprechperson in der Pfarre sein sollte:

> *Ja also, wenn eine Haushälterin da wäre, und die Kirche mehr Unterstützung geben würde - ich hatte eine und musste Gebietskrankenkasse und Finanzamt zahlen. Das war sehr schlecht für mich. - dass die Kirche das bezahlt, nicht nur die Hälfte, sondern auch die Krankenversicherung und alles, sonst hat der Priester kein Gehalt und das war ein sehr negativer Punkt in meinem Leben. Die haben mich in die Irre geführt, haben nur gesagt, ich muss Arbeitnehmerbeitrag bezahlen und das war nicht so.*
> *Dass ich den Pfarrhaushalt besser organisiere, das heißt eine Haushälterin zu bekommen - Freundschaften mehr zu pflegen.*

**TABELLE 9: Wie ist es bei Ihnen daheim?
Was von Folgendem trifft auf Sie zu?**

Stundenweise kommt eine Haushaltshilfe	51%
Ich habe eine ständige Haushaltshilfe	41%
Ich lebe im Pfarrhaushalt mit	39%
Ich koche und putze selber (Ich bin mein eigener Hausmann)	32%
Ich werde in einer Gemeinschaft versorgt	21%
Ich lebe/wohne mit einer Familie	5%
weiß ich nicht	1%

Die übrigen befragten Pfarrer leben kommunitär.

> *priesterliche Hausgemeinschaft*
>
> *Dass die Weltpriester in einer Art Kommunität, Gemeinschaft leben. (Siehe Tabelle 9)*

Mit dieser Art, den Haushalt zu organisieren, sind die befragten Pfarrer zumindest zufrieden: 58% sogar sehr zufrieden, weitere 29% einfach zufrieden. Unzufrieden (4–5) sind 2,8%.

Alles in allem: Wie zufrieden sind Sie mit Ihrer Wohnsituation? Bewerten Sie anhand einer Skala von 1= sehr zufrieden bis 5= völlig unzufrieden.

1	sehr zufrieden	289	57.7%
2		146	29.1%
3		52	10.4%
4		13	2.6%
5	völlig unzufrieden	1	0.2%

ERGEBNIS 10: Die Hälfte der Pfarrer lebt in einem Singlehaushalt und hat eine stundenweise Haushaltshilfe.

Einsamkeiten

> *Überforderung – Einsamkeit – Frustration – Perspektivenlosigkeit*
>
> *Überforderung – Einsamkeit – alleingelassen – zu wenig Ressourcen personell und finanziell – kompliziertes innerkirchliches Entscheidungsprocedere – zu viele Aufgaben, zu wenig Gemeinschaft untereinander – Resignation*
>
> *Die Überlastung – die Vereinsamung – immer weniger Kollegen sind in der Nähe – in der Gesellschaft die zurückgehende Akzeptanz – der Imageverlust der Kirche und das Auseinanderklaffen zwischen Kirchenleitung und Basis*

Verminderung der Isolation also der Einsamkeit - mehr Geborgenheit in Priesterkreisen

Geordnetere Verhältnisse. Ich bin ein ziemlicher Chaot. Ich muss da selbst Ordnung in mein Leben bringen - Es liegt an einem selber, ob man sich wohlfühlt - Ich bin sehr zufrieden. - Ich habe keine Erwartungen - Jeden Tag halt gut leben, spirituell natürlich- das Äußere, die Missbrauchsfälle sind natürlich belastend - Bei sich wohnen ist mein Motto - Wenn ich nicht mit mir im Einklang bin, dann nützt auch das schönste Haus nichts.

Menschliche Heimatlosigkeit

Die Haushaltsorganisation deutet (zumindest vordergründig) darauf hin, dass viele Pfarrer in einem Singlehaushalt leben. Aber sind sie mit dem Alleinleben zufrieden? Tiefer gebohrt: Leiden die mehrheitlich allein lebenden Pfarrer unter Einsamkeit? Und noch präziser gefragt, nachdem Einsamkeit ja der Preis der Individualität ist: vereinsamen Pfarrer, in ihren Wohnungen allein lebend? Wie schon in der Priesterstudie 2000 haben wir uns danach erkundigt, in welchen Situationen sich Pfarrer einsam fühlen. An der Spitze steht, wenn sie Sehnsucht nach körperlicher Nähe haben (28%). Es folgen Zeiten, in denen es einem Pfarrer schlecht geht (24%). Gilt es Freude mitzuteilen, erleben 16% Einsamkeit. Der Ruhestand macht 13% besorgt. (*Siehe Tabelle 10)*

Diese Ergebnisse besagen nicht, dass nur 28% Sehnsucht nach körperlicher Nähe haben, es nur 23% schlecht geht etc. Beim Vergleich der Daten von 2000 mit jenen aus dem Jahre 2010 fällt auf, dass heute deutlich weniger Pfarrer vereinsamen, wenn sie Sehnsucht nach körperlicher Nähe haben. Haben sie weniger Sehnsucht oder mehr Möglichkeiten, diese zu beruhigen?
Das sind Fragen, die aus den Daten der Studie leider nicht beantwortbar sind. Anhaltspunkte finden sich im späteren Kapitel über die Auswertung des bisherigen ehelosen Lebens. Das Bedürfnis breiter Bevölkerungskreise, mehr und Detailliertes über die

TABELLE 10: Einsamkeiten
„Wie einsam fühlen Sie sich in folgenden Situationen?
Bitte stufen Sie fein ab zwischen: 1= da fühle ich mich sehr einsam
5= da fühle ich mich überhaupt nicht einsam."

1~2/5	2000	2010
wenn ich jemanden meine Freude mitteilen will	18,0%	16,2%
wenn es mir schlecht geht	42,0%	23,6%
wenn ich an meinen Ruhestand denke	12,9%	13,2%
wenn ich Sehnsucht nach körperlicher Nähe habe	38,8%	28,0%
im Urlaub	-	10,2%
an Feiertagen	-	9,6%

faktische Lebenskultur von Pfarrern in Erfahrung zu bringen, kann bedauerlicher Weise durch die Daten nicht befriedigt werden. Es wäre auch für die landläufige Zölibatsdiskussion hilfreich, gäbe es mehr solches Detailwissen. Denn diese Debatte lebt weithin von Phantasien und Nichtwissen.

ERGEBNIS 11: Etwa ein Viertel der befragten Pfarrer leidet unter Vereinsamung, vor allem wenn es ihnen schlecht geht und wenn sie Sehnsucht nach körperlicher Nähe haben (und keine Möglichkeit sehen, diese zu beruhigen).

Wo fühlen sich Pfarrer „daheim"?

Weil manche Selbstverständlichkeiten, die früher da waren, nicht mehr vorhanden sind - manche Dinge, die früher selbstverständlich waren, brauchen jetzt einen großen Aufwand, z.B. Glaubensverkündigung und Weitergabe wurden früher von der Volkskirche von selber getragen - das Anforderungsprofil ist viel zu hoch - es ist in meinen Augen erwürgend und manchmal auch destruktiv für die Persönlichkeit - das hängt natürlich mit der Zölibatsgeschichte zusammen - der Priester soll immer noch nur von sich hergeben - die Frage ist, wo ist der Priester zu Hause.

Daheim ist ein Pfarrer nicht nur in seiner Wohnung (das sehen 89% der Befragten so), sondern ebenso in Gemeinschaften sowie bei einzelnen Menschen. Was im Übrigen auch bei vielen anderen Menschen in unserer Gesellschaft ähnlich ist – wenngleich das kirchliche Feld eine eigenwillige Färbung mit sich bringt: Denn Pfarre oder auch Presbyterium gelten als spirituell stark aufgeladene „Felder", wobei sich diese Spiritualität in gemeinsamen Ritualen und Gebetn äußert. Wo fühlen sich Pfarrer menschlich aufgehoben, also „daheim"?

- Als Gemeinschaften wird von den Pfarrern an erster Stelle die Pfarre selbst genannt. 94% sehen dort ihr Daheim. Für 56% ist das Daheim eine Hausgemeinschaft. 30% erleben als Daheim eine Basisgruppe.
- Dann aber werden Menschen genannt. Für 71% geben Mitbrüder das Daheim ab. Das Presbyterium zeigt sich hier als Realität. 32% nennen die Mutter, 22% den Vater.
- Schließlich finden wir eine Reihe von „gewählten" Personen: befreundete Personen (89%), eine vertraute Person (64%), ein Freund (47%[15]), eine Freundin (29%).

Pfarrer leben in einem dichten Netzwerk von Beziehungen, das sie trägt. Ehelos leben erleben viele Pfarrer daher auch nicht als vereinsamend. Ehelos ist nicht begegnungs- und beziehungslos – was ja inhuman wäre. Denn alles wirkliche Leben entstammt der Begegnung, so lapidar Martin Buber. Zuwendung, lieben und geliebt werden sind Grundnahrungsmittel für den Menschen von allem Anfang seines individuellen Lebens an. Was für alle Menschen Gültigkeit hat. Umso dringlicher und für viele höchst interessant ist die Frage, wie Ehelose ihre Begegnungen und Beziehungen konkret gestalten? Wie leben sie den ihnen zugemuteten und nach langen Jahren der Prüfung in einem Priesterseminar oder einem Noviziat in Freiheit übernommenen (oder wie manche freilich mehr rückblickend sagen – erfahrungslos übernommenen[16]) Zölibat? (*Siehe Tabelle 11)*

TABELLE 11: Wo fühlen Sie sich daheim?

in der Pfarrei	94%
bei befreundeten Personen	89%
in Ihrer Wohnung	89%
bei Mitbrüdern	71%
bei Verwandten	67%
bei einer vertrauten Person	64%
in der Hausgemeinschaft	56%
bei einem Freund	47%
bei der Mutter	32%
in einer Basisgruppe	30%
bei einer Freundin	29%
beim Vater	22%

ERGEBNIS 12: Pfarrer leben in einem dichten Netzwerk von Beziehungen, das sie trägt. Ehelos leben erleben viele Pfarrer daher auch nicht als vereinsamend. Ehelos ist nicht begegnungs- und beziehungslos. Dieses Netzwerk kann die Pfarre (94%) selbst sein, sodann das Presbyterium der Mitbrüder (71%). Große Bedeutung haben „wählbare" Menschen: befreundete Personen (89%), eine vertraute Person (64%), ein Freund (47%), eine Freundin (29%).

Wie es den Pfarrern mit dem Zölibat ergeht

Überarbeitung - Resignation - wenig Verständnis von Kirchenleitung - mit persönlichen Problemen nicht fertig werden z.B. Ehepartner, Sexualität - falsche Auffassung vom Priestertum.

Viele leiden unter der Ehelosigkeit - unter Verzicht auf Ehe und Familie - die Tragweite der Entscheidung ist nicht absehbar bei der Weihe.

Angestoßen durch die Missbrauchsdebatte ist der Zölibat der katholischen Weltpriester wieder verstärkt zum Thema geworden. Umstritten ist, ob und wie diese Lebensform sexuellen Missbrauch von Kindern begünstigt. Die Tatsache, dass ein Großteil der Missbrauchsfälle nach Auskunft der Experten nicht in kirchlichem Raum, sondern im familialen Umfeld vorfällt, scheint gegen einen Direktzusammenhang zu sprechen. Eher schon ist es möglich, dass sexuell unreife Personen in dieser Lebensform weniger „Nachreifungschancen" vorfinden, weder im Priesterseminar, noch unter den offiziellen Verhaltensregeln, die Ehelosen kirchlich auferlegt sind.
Die Zölibatsdebatte in der katholischen Kirche kennt zwei trennbare Dimensionen:

- Die eine ist personbezogen, wird oft als die „menschenrechtliche Seite" bezeichnet. Hat eine Religionsgemeinschaft das Recht, zumal in modernen Zeiten so tief in die Entscheidung über die Lebensform ihrer Dienstnehmer einzugreifen? Diese Frage wird in abgewandelter Form akut, wenn es sich um Dienstnehmer handelt, die nach einer Scheidung wieder heiraten.
- Die andere Dimension gilt als „pastorale Seite". Hier geht es nicht um die einzelne Person des Priesters und die freie Wahl seiner Lebensform, sondern um die Eucharistiefähigkeit gläubiger Gemeinden.

In der vorliegenden Studie wurden die Erfahrungen katholischer Priester mit ihrem bisherigen Leben erhoben. *„Wenn Sie auf Ihr Leben als Eheloser zurückblicken, wie war es bei Ihnen? Würden Sie sagen…* "Dann war ein Set von erprobten Antwortmöglichkeiten vorgegeben, zwischen denen die Pfarrer auswählen konnten. Dabei waren Mehrfachantworten möglich. (*Siehe Tabelle 12)*

13% der Befragten wählten die Aussage: *„Ich war schon nahe daran, aufzugeben.* "Der Gegenpol dazu (38%): *„Das ehelose Leben fiel mir leicht."*

TABELLE 12: Wenn Sie auf Ihr Leben als Eheloser zurückblicken, wie war es bei Ihnen? Würden Sie sagen...

	2000	2010
ich habe Krisen durchlebt	67%	71%
es geht mir wie vielen Verheirateten, die ich kenne – es war ein Auf und Ab	49%	73%
ich war damit recht glücklich	38%	69%
ich habe einen eigenständigen Weg gefunden, den ich verantworten kann	33%	67%
das ehelose Leben fiel mir leicht	14%	38%
ich war schon nahe daran, aufzugeben	13%	13%

Zwei Drittel ordneten sich der Aussage zu: *„Ich war damit recht glücklich"*. Zölibatäre scheinen also auch unter heutigen Lebensbedingungen mit ihrer Lebensform gut zurecht zu kommen. Auch wenn diese Lebensform – wie längst auch die Ehe[17] – in modernen individualisierten Kulturen eine Hochrisikolebensform zu sein scheint, sie produziert nicht mehrheitlich unglückliche Menschen. Die Frage ist freilich, wie die Befragten zu dieser positiven Einschätzung kommen. Zur Klärung dienen die weiteren Antwortmöglichkeiten. In Zeiten hoher Individualisierung und damit zurückgenommener Sozialkontrolle sind Lebensformen von Haus aus destabiler, offener für Entwicklungen in unterschiedlichen Richtungen. Krisen, das Erleben eines Auf und Ab scheinen der Normalfall zu sein. Wenn also jemand, verheiratet oder unverheiratet, sich in seiner Lebensform als glücklich erlebt, kann das nur bedeuten, dass er, dass sie mit diesem Auf und Ab gut leben kann. Nicht die Eingangsentscheidung in einer Lebensform erscheint daher entscheidend, sondern die Fähigkeit, ein Leben lang ein tauglicher Krisenmanager zu sein. Dazu sollten im alltäglichen Normalfall die eigenen (psychischen/spirituellen) Ressourcen ausreichen; es kann aber auch sein, dass durch Beratung zusätzlich Ressourcen akquiriert werden.

Dass Ehelose glücklich sind, kann aber in unserer Zeit auch damit zusammenhängen, dass sie einen *„eigenständigen Weg gefunden haben, den sie selbst verantworten können"*. Nahezu zwei Drittel (67%) der Befragten haben sich diese Antwortmöglichkeit angeeignet.

Wir kombinieren „glücklich" mit „eigenständigem Weg". Dabei zeigt sich, dass 13% aller befragten Pfarrer ohne eigenständigen Weg, weitere 18% mit einem solchen ihr eheloses Leben als unglücklich bewerten. Von denen, die mit der ehelosen Lebensweise „recht glücklich" waren, haben 20% keinen, 49% aber einen eigenständigen Weg eingeschlagen. Die Hälfte der Pfarrer findet also persönliches Lebensglück über eine verantwortete Modifikation der „ehelosen Lebensform". Wir wissen nicht, wie diese aussieht. In die Richtung weist das „eigenständig" auf dem Hintergrund der kirchlichen Erwartungen.

TABELLE 13: glücklich und eigenständig

Anteile an Gesamt	kein eigenständiger Weg	ich habe einen eigenständigen Weg gefunden, den ich verantworten kann	Zeile – Gesamt
unglücklich	13%	18%	31%
ich war damit recht glücklich	20%	49%	69%

Wer sich in seinem bisherigen ehelosen Leben glücklich erlebte, wird auch eher selbst dann weiterhin ehelos leben, auch wenn er bei Behalten des Amtes heiraten könnte – bei 38% aller befragten Pfarrer ist das ganz sicher so, bei weiteren 23% wahrscheinlich. 20% aller befragten Pfarrer fühlen sich rückblickend unglücklich – aber auch das ist für sie kein Grund zu heiraten, wenn sie könnten.

(Siehe Tabelle 14)

TABELLE 14: glückliches eheloses Leben und weiterhin ehelos leben wollen

Gesamtprozente	sicher weiterhin ehelos leben	wahrscheinlich weiterhin ehelos leben	wahrscheinlich nicht weiterhin ehelos leben	sicher nicht weiterhin ehelos leben
unglücklich	9%	11%	7%	3%
ich war damit recht glücklich	38%	23%	6%	2%
alle	48%	33%	13%	6%

Zeilenprozente	sicher weiterhin ehelos leben	wahrscheinlich weiterhin ehelos leben	wahrscheinlich nicht weiterhin ehelos leben	sicher nicht weiterhin ehelos leben
unglücklich	30%	34%	24%	11%
ich war damit recht glücklich	55%	33%	9%	3%
alle	48%	33%	13%	6%

Dieses Ergebnis verdient weiteres Nachdenken. Denn jene, die jetzt heiraten würden – und das nach langen Jahren ehelosen Lebens, vielleicht auch Ringens und Unglücklichseins – dann wäre das Heiraten ja auch eine fatale Selbstkritik und führte zur tragischen Frage, warum man dieses Leben nicht schon früher verlassen und so viel Lebenszeit verschwendet hat. Die sich selbst schützende Antwort könnte sein, dass man dann sich selbst „treu" bleibt und keine Veränderung vornimmt.

Moderne Kulturen eröffnen also nicht nur individualisierte Entscheidungen, sondern offenbar auch individualisierte Gestaltungsmöglichkeiten der einmal gewählten Lebensform. Das ist bei allen Lebensformen heute so. Die zölibatäre Lebensform scheint hier keine Ausnahme zu bilden. Hatte lange Zeit die Gesellschaft für die partnerschaftliche Liebe zwischen Mann und Frau die Institutionalisierung in der Form der Ehe verlangt, so leben heute viele – immer mehr – eine Zeit lang oder dauerhaft ihre partnerschaftliche Liebe ohne diese institutionelle Dimension. Individualisierung bedeutet in diesem Fall, dass die Gesellschaft immer weniger Macht hat, das persönliche Leben von außen her zu formen. War früher, so Thomas Luckmann wiederholt, „Leben ein Unternehmen in öffentlicher Hand", wird es immer mehr ein „Kleinstunternehmen in privater Hand": Was aber keineswegs zur Folge hat, dass die Individuen dadurch glücklicher leben.

Auch die Kirche hat ihren Mitgliedern gegenüber gerade hinsichtlich der Lebensform diese Gestaltungsmacht eingebüßt, ob ihr das angenehm ist oder nicht. Der Zuweg auch zu einer kirchlichen Eheschließung verläuft deshalb heute anders als noch vor hundert Jahren.

Im Spiegel der vorliegenden Daten scheint dies alles auch für die Gestaltungsmacht der Kirche hinsichtlich der Kultur des ehelosen Lebens ihrer Pfarrer zuzutreffen. An die Stelle der Zuweisung und der kirchlichen Sozialkontrolle ist ein Suchen der Person nach jener Gestaltung getreten, die sie verantworten kann.

Nimmt man dazu, dass 89% bei befreundeten Personen daheim sind und 29% in einer Beziehung zu einer Freundin, dann deutet dies darauf hin, dass für eine beachtlich große Zahl der ehelosen Pfarrer nicht nur Begegnungen, sondern auch (partnerschaftliche) Beziehungen zur Kultur ihrer (eigenständig definierten) Ehelosigkeit gehören.

Es konnte nicht Aufgabe dieser Studie sein, näher zu erforschen, was das im konkreten Lebensvollzug bedeutet. Dazu müssten die vielen bunten Lebensentwürfe von Pfarrern in Einzelfallstudien erforscht werden. Es ist für die Individualisierung geradezu charakteristisch, dass es in diesen Fragen eine stillschweigende kulturelle Tabuisierung gibt. Allerdings stellen sich gerade deshalb gewichtige Fragen:

Wie geht die Kirchenleitung mit dieser Tatsache um? Natürlich kann ein Bischof (wie Kardinal Schönborn in dem April-*Profil*-Interview) sagen, dass er bei den wenigen, bei denen er auf einen von der offiziell geforderten Lebenskultur abweichenden Weg stößt, auf Klärung drängt. Amt oder Beziehung ist für ihn dann die Alternative. Alles andere hält er für ein Leben mit faulen Kompromissen. Das ist angesichts des Drucks mancher Medien, die der Kirche gern „Verlogenheit" zueignen, eine sehr nützliche und entlastende Rede. Was aber macht er, wenn er – gestützt auf die vorliegenden Daten – davon ausgehen muss, dass es sich gar nicht um wenige Ausreißer mit einer ungeklärten Lebenssituation handelt, sondern um zwei Drittel, die von sich sagen, sie hätten einen eigenständigen Weg gefunden, den sie verantworten könnten? Vielleicht sieht sich die Kirchenleitung in der Frage der Zölibatsgestaltung durch ihre Pfarrer vor einem Beispiel des bereits erwähnten viel umfassenderen Problems, dass es nämlich in wichtigen Fragen gelebte Dissonanzen zwischen der Kirchenleitung und ihren leitenden Pfarrern gibt.
Die andere Seite ist die innere Dynamik solcher Beziehungen. Intensive Mann-Frau-Beziehungen haben im gesunden Normalfall eine erotische-sexuelle Farbe und Kraft. Analog gilt dies für homosexuelle Beziehungen, die es auch unter Pfarrern gibt. Sie tendieren zu Verlässlichkeit, Treue, Verbindlichkeit, Exklusivität. Eine derart umfassende Liebe strebt danach, sich öffentlich sehen lassen zu können. Dabei ist freilich nicht immer die amtliche Öffentlichkeit gemeint, sondern der Lebenskreis, in dem ein Pfarrer faktisch lebt: die Pfarre, der Freundeskreis, die eigene Familie.
Wird in Mann-Frau-Beziehungen die symbolisch-kommunikative Sexualität[18] von der generativen nicht getrennt, stellt sich also ein Kind ein, dann verschärft sich die Frage der Öffentlichkeit, weil mit diesem auch rechtliche Aspekte, die dem Kindeswohl dienen, verbunden sind. Zu den bedrängenden Anfragen an jene Pfarrer, die einen eigenständigen verantwortbaren Weg gefunden haben, gehört daher: Wie geht es den betroffenen Frauen und – gegebe-

nenfalls – den Kindern, die aus solchen „clandestinen Beziehungen“ erwachsen?
Die „eigenständig gewählten verantwortbaren Formen“ stehen damit unter einer doppelten Herausforderung: der kirchlichen Gemeinschaft gegenüber und den betroffenen Personen (Frau, Mann; Kinder) gegenüber. Die Frage stellt sich, warum zwei erwachsene Menschen (eine Frau, ein Mann) solche individuelle Wege wählen oder hinnehmen – bzw. suchen müssen?
Wird hier auf die mögliche erotisch-sexuelle Dynamik von Mann-Frau-Beziehungen hingewiesen, so ist damit nicht gesagt, dass alle diese Beziehungen in der „Sache“ (die katholische Sakramententheologie spricht von der „res sacramenti“) eheförmig sind. Auch hier ist eine kulturanthropologische Reflexion angebracht. Die moderne Öffentlichkeit scheint dichotom zu denken: entweder sind Mann-Frau-Beziehungen „eheförmig“ oder sie sind nicht. Dass es aber vielfältige Formen einer (verloren gegangenen) Freundschaftskultur geben kann und in nicht wenigen Fällen auch gibt, wird übersehen. Es könnte ja auch eine kulturelle Pionierarbeit von „ehelosen Pfarrern“ sein, diesen unterentwickelten Aspekt moderner Freundschaftskultur neu zu beleben.[19]
Man kann natürlich moralisch entrüstet schnell sagen: Das darf doch alles nicht sein! Oder wie kann das eine Kirche zulassen? Wer so fragt, macht es sich aber zugleich zu leicht. Denn das, was hier vom ehelosen Leben gesagt wird, gilt in abgewandelter Form ja auch von der Ehe kirchlicher DienstnehmerInnen/Angestellter. Die Individualisierung macht vor keiner Lebensform Halt. Das wissen auch die strengen Befürworter der ehelosen Lebensform der katholischen Priester, wenn sie darauf hinweisen, dass die Ehe von Priestern/PastorInnen in anderen christlichen Kirchen auch keineswegs von Haus aus leicht ist und immer im Sinn ihrer Kirche gelebt wird oder eben auch gelebt werden kann. Die Frage der Individualisierung von Lebensformen lässt sich wohl nicht allein dadurch beheben, dass die Kirche ihren Priestern die Lebensform freistellt. Denn das Problem liegt nicht ausschließlich in der freien

TABELLE 15: Bewertung ehelosen Lebens bei Welt- und Ordenspriestern

	Weltpriester	Ordenspriester	Differenz zu Gunsten der Ordenspriester
ich war damit recht glücklich	65%	79%	+14
ich habe Krisen durchlebt	70%	74%	+4
das ehelose Leben fiel mir leicht	35%	46%	+11
ich war schon nahe daran, aufzugeben	13%	14%	+1
ich habe einen eigenständigen Weg gefunden, den ich verantworten kann	68%	65%	-3
es geht mir wie vielen Verheirateten, die ich kenne – es war ein Auf und Ab	75%	67%	-8

Wahl der Lebensform, sondern auch in deren innerer Dynamik jeder Lebensform unter modernen Lebensbedingungen.

Noch ein Detail, das nachdenklich stimmt. Wir vergleichen bei der Evaluierung Welt- und Ordenspriester. Bei Ordenspriestern ist die Ehelosigkeit ein Gelübde, bei den Weltpriestern eine Sache der kirchlichen Disziplin. Bei den Ordensleuten, so wird immer gesagt, frei gewählt, bei den Weltpriestern mehr zugemutet (wenngleich formal auch frei gewählt).
Ordenspfarrer sind nun in der Tat etwas glücklicher, das ehelose Leben fiel mehr von ihnen auch leicht. Aber selbst bei diesen zwei Bewertungen sind die Unterschiede klein. Ansonsten ist das

Ergebnis gleich, selbst bei der Aussage: Ich habe einen eigenständigen Weg gefunden, den ich verantworten kann. Eheloses Leben scheint also Welt- und Ordenspriestern gleich zu gelingen oder auch nicht. Das ernüchtert in der Frage, ob die radikal frei gewählte Ehelosigkeit der Ordensleute besser gelingt als die (so sagt man) nicht so frei gewählte der Weltpriester. *Offenbar hängt das Gelingen weniger von der „Einstiegsentscheidung" ab, sondern vom Verlauf und den im Laufe der Jahre gemachten Erfahrungen.*
(*Siehe Tabelle 15*)

ERGEBNIS 13: Ehelos lebende Pfarrer erleben (wie auch die Eheleute, so sagen sie) ein ständiges Auf und Ab (73%), ein Reifen durch Krisen hindurch (71%), die Suche nach einem verantwortbaren eigenständigen Weg (67%). 13% hatten schon einmal aufgeben wollen (jene, die aufgegeben haben, wurden nicht befragt). 38% fiel eheloses Leben leicht. Auf dem Boden solcher bewegter Erfahrungen sagen 69%, dass sie mit ihrem ehelosen Leben (bisher) recht glücklich waren. Je mehr sich Pfarrer in ihrem ehelosen Leben (wie immer es auch gestaltet ist) glücklich fühlen, desto eher würden sie auch dann nicht heiraten, wenn ihnen diese Möglichkeit die Kirche bei Behalten des Amtes eröffnen würde. – Die Unterschiede hinsichtlich der Bewertung ehelosen Lebens zwischen Weltpriestern und Ordenspriestern ist marginal. Offenbar hängt das Gelingen weniger von der „Einstiegsentscheidung" ab, sondern vom Verlauf und den im Laufe der Jahre gemachten Erfahrungen.

Partnerschaft: eine bereichernde Variante?

> *Es würde mir gut tun, wenn ich wieder eine Partnerin hätte, wie es für Beide erträglich wäre.*
>
> *In der Partnerschaft leben - Austausch mit Leuten, die in gleicher Situation sind - Begegnung mit Menschen - Nähe zu Menschen.*
>
> *Einfach Kommunikation mit einer passenden Partnerin - Arbeit im Team, offene Arbeit im Team - qualifizierte klare Visionen von der Kirchenleitung - geistige Beweglichkeit der Mitbrüder im Dekanat und der Diözese - qualifizierte Kompetenz - gesunde gemeinsam gelebte Spiritualität mit Klerus und Laien - sinnvolle Freizeitgestaltung - Sport und Aktivität.*
>
> *Dass es die Möglichkeit gibt, in einer Beziehung leben zu können - und wenn der seelische Stress weniger wäre.*
>
> *Einsam allein, muss den Haushalt alleine halten, bügeln und kochen und irgendwo gescheit reden und am Friedhof weinen mit den Leuten, dann wieder zu einer Taufe, wenn man kann, cool bleiben, dann geht es, aber wenn man mitfühlt, ist es schwer.*

Die Frage nach der freien Wahl der Lebensform für katholische Priester kann freilich auch noch von einer gänzlich anderen Seite her angegangen werden. Dabei ist davon auszugehen, dass die ehelose Lebensform der Ausübung des Priesteramts Vorteile bringt. Ein Teil davon mag auf der spirituellen Ebene liegen: Auf die Ähnlichkeit dieser Lebensform mit der Lebensgestalt Jesu wird verwiesen. Ehelose könnten auch, weil nicht so viel Zeit familial gebunden ist, mobiler sein, was pastoral von Vorteil ist. Sie könnten sich zudem mit jenen solidarisieren, die unfreiwillig ohne Partnerin, ohne Partner leben (müssen).
Die folgenden Reflexionen machen Sinn, auch und gerade dann, wenn die ehelose Lebensform als eine gute Voraussetzung für seelsorgliches Engagement gilt. Die Frage ist nämlich nicht nur zulässig, sondern offensiv zu stellen, ob nicht auch Personen, die

in einer Partnerschaft/einer Ehe leben, zwar andere, aber gleichfalls vorteilhafte Voraussetzungen für die Seelsorge mitbringen. In der Konsequenz würde das bedeuten, dass beide Varianten die Seelsorge bereichern würden: ehelose und verheiratete Pfarrer. Dadurch, dass es ja längst verheiratete Seelsorgerinnen und Seelsorger gibt (Pastoralreferentinnen, Diakone), ist dieser Vorteil noch nicht in seiner ganzen Kraft gehoben.

Wir haben die Pfarrer gefragt: *„Glauben Sie, dass folgende Erfahrungen für die Ausübung des Priesterberufs hilfreich sein könnten?“ (Siehe Tabelle 16)*

Ein erstes Ergebnis ist noch nicht unmittelbar auf eine lebensmäßige, sondern mehr auf eine berufliche Partnerschaft bezogen. 65% der befragten Pfarrer würden es hilfreich finden, mit einer Frau im Priesteramt zusammenarbeiten zu können. Dem entspricht, dass sich 51% der Befragten die Weihe von Frauen zu Priesterinnen vorstellen können. Es gilt personalentwicklerisch als gesichert, dass Teams besser und kreativer arbeiten, wenn Frauen und Männer kooperieren.
Aber auch eine Partnerschaft wird von den befragten Pfarrern als hilfreiche eigenständige Quelle für qualitativ gute Seelsorge empfunden. Schon die Erfahrung der Partnerschaft als solche schätzen 46% als hilfreich ein. Näher hin bedeutet dies:

- 54% sehen in einer Partnerschaft / Familie einen Ort, an dem sich ein Pfarrer mit den Freuden und Sorgen des Berufsalltags „aufgehoben“ weiß;
- 50% finden es „hilfreich“, dass ein Pfarrer dann seinen Glauben mit einer Partnerin / seiner Familie teilen kann;
- 50% meinen, dass ein Pfarrer sich emotional in einer partnerschaftlichen Beziehung (mit)getragen weiß;
- 40% nennen die Erfahrung hilfreich, auch eigene Kinder ins Leben zu begleiten.

TABELLE 16: Glauben Sie, dass folgende Erfahrungen für die Ausübung des Priesterberufs hilfreich sein könnten?

	trifft voll zu	trifft zu	teils-teils	trifft nicht zu	trifft überhaupt nicht zu	kA.
mit Amtskolleginnen (Seelsorgerinnen/ Priesterinnen) zusammen arbeiten zu können	37	28	18	8	8	1
in der Partnerschaft/Familie einen Ort zu haben, wo Sie sich mit den Freuden und Sorgen Ihres Berufsalltags „aufgehoben" wissen	28	26	20	11	14	2
Ihren Glauben mit einer Partnerin/Ihrer Familie zu teilen	26	24	23	12	14	2
sich emotional in einer partnerschaftlichen Beziehung (mit)getragen zu wissen	24	26	22	13	12	2
die Erfahrung, in einer Partnerschaft zu leben	21	25	26	11	14	2
Sexualität in einer veröffentlichten Beziehung zu leben	15	15	20	16	30	3
die Erfahrung, auch eigene Kinder ins Leben zu begleiten	16	24	23	13	21	3

in Prozenten

Sexualität auch öffentlich bekannt werden darf, dass es nicht heimlich vertuscht, unaufrichtig mit dieser Materie, mit diesem Zustand umgegangen wird – mehr Offenheit – mehr Ehrlichkeit – Wahrhaftigkeit – Kritik an der Obrigkeit, die sind weit weg vom tatsächlichen Leben.

- 30% fänden es hilfreich, *„Sexualität in einer veröffentlichten Beziehung zu leben“*.

ERGEBNIS 14: Zwei Drittel der Pfarrer sehen es als hilfreich an, könnten sie mit einer Amtskollegin (Priesterin) zusammenarbeiten. Viele der Pfarrer – auch jene, die in ihrer ehelosen Lebensform glücklich sind – halten es für „hilfreich", wenn die Lebenserfahrung von Frauen sowie die Lebenserfahrung einer Partnerschaft (mit Kindern) das katholische Amt prägen könnte. Eine Gruppe von Pfarrern vertritt also nicht die Abschaffung des Zölibats, sondern die Anreicherung des Priesteramts durch weibliche und partnerschaftliche Lebenserfahrungen.

Pfarrer im Modernisierungsstress

Die Erschütterungen um Gewalt und sexuellen Missbrauch von Kindern in kirchlichen Einrichtungen werden von den befragten Pfarrern mit hoher Sensibilität wahrgenommen. Sie erweisen sich aber lediglich als ein Teilaspekt einer tiefergehenden Betroffenheit im Kontext der tiefgreifenden Veränderungen, welche die Kirche derzeit gesellschaftlich erlebt und für die sie als „leitende Mitarbeiter" stehen. Sie erleben ihre Kirche, auf die sie in einem existentiell-spirituell packenden Berufungsvorgang im Namen Christi ihr Leben gesetzt haben, in einer tiefen Umbaukrise. Das betrifft ihren Pfarrerberuf ebenso wie ihre Lebensform.

Offenbar aber reagieren in dieser Umbaukrise nicht alle Pfarrer gleich. Es bilden sich in dem einen Presbyterium, in der einen Pfarrerschaft polare Lager mit oft gegenläufigen Ansichten in der Einschätzung der Lage und den Konsequenzen für Beruf und Lebensform. Wo Lager sind, kann es leicht zur gegenseitigen kämpferischen „Belagerung" kommen.

Woher kommen aber diese unterschiedlichen Einschätzungen, Meinungen, Haltungen, die polarisieren und so zusätzlich zu den Lasten der Umbaukrise die Kirche belasten, ja schwächen?

Nun können Differenzen durchaus schöpferische Energie freisetzen. Um es in einem Bild der Elektrophysik zu sagen: Wo es keine Pole und keine Spannungen gibt, entsteht keine Energie und kein Licht. Spannungen beleben, machen das Leben spannend. Spannungen können aber auch destruktiv wirken und die Pfarrerschaft empfindlich spalten. Das würde die in Krisenzeiten für das Handeln erforderliche „Einmütigkeit" in schädigender Weise untergraben.

Die Daten der Studie legen nun nahe, dass viele der spannungsgeladenen Gegensätzlichkeiten an die Auseinandersetzung der katholischen Kirche mit der modernen Kultur gebunden sind. So wie die katholische Kirche wenigstens in (West-)Europa als Ganze (nur die katholische Kirche?) schon seit dem Beginn der Neuzeit unter einem Modernisierungsstress steht, so auch ihre Pfarrerschaft. Diesem Aspekt des Pfarrerberufs ist der zweite Teil der Analysen gewidmet.

Zur Lage der Kirche und des Glaubens

Schwierig zu sagen – Wandel in Gesellschaft so rapid verändert – muss ständig auf dem Laufenden sein – Leitung der Kirche mehr Offenheit.

Glücklich machen würde mich, wenn die Menschen noch regelmäßiger den Sonntagsgottesdienst mitfeiern könnten – wenn mehr als bisher in der Pfarre aktiv mitarbeiten.

Trendumkehr des Glaubens wäre wichtig – Strukturen sind nicht entscheidend.

Weil der Glaube so schwach von den Priestern – der Glaube hat gelitten wegen Zeitgeist – weil die ganze Öffentlichkeit mit Technik und Wissenschaft Medien ohne Gott sind – die Ablehnung ist ziemlich stark – der Glaube wird nicht eingeschätzt.

Die Pfarrer beurteilen das Verhältnis von Glauben/Kirche und moderner Welt unterschiedlich, ja gegensätzlich. Die Hälfte gibt dem christlichen Glauben unter modernen Bedingungen eine gute Chance (52%). Zwei Drittel der befragten Pfarrer treten für eine stärkere Öffnung der Kirche zur modernen Welt ein (64%).
Dass mit Öffnung nicht Anpassung gemeint ist, darauf verweisen die Antworten auf die Aussage: *„Die Kirche muss sich von der modernen Welt deutlicher unterscheiden."* 49% vertreten diesen weltkritischen prophetischen Standpunkt.
Eine nähere Durchleuchtung der Antworten zu den einzelnen, thematisch zusammengehörigen Fragen zeigt, dass es unter den Pfarrern zwei Grundpositionen gibt. Dabei ist den Vertretern beider Positionen als Ausgangsfaktum deutlich, dass zwischen Kirche und moderner Welt eine empfindliche Spannung besteht. So tendieren die einen dazu, die Ursache für diese Spannungen im „Abfall der modernen Welt" vom Christentum zu sehen. Andere hingegen befürchten, dass die Kirche selbst an der Entfernung der modernen Welt vom Evangelium Schuld trägt, weil sie sich vor dieser modernen Welt zumindest in Europa zu lange abgeschirmt hat.

Das hat Rückwirkungen auf die Einschätzung der Lage der Kirche und die Gestaltung des Verhältnisses der Kirche zur modernen Welt.

- Eine *pessimistische* Variante sieht die Kirche einer entchristlichten, verweltlichten (säkularisierten) Welt gegenüber. Die Aufforderung an die Kirche lautet: unbeugsam, gelegen oder ungelegen, prophetisches Gegenüber zu dieser Welt zu sein, damit auch: sich vor der Verweltlichung durch die Welt durch Abgrenzung und Schließung zu schützen. Die Kritik gilt also der „Entchristlichung der Welt". Damit zusammenhängend wird eine „Verweltlichung der Kirche" getadelt. Es bedrückt Befragte, dass der Glaube in der Welt verfällt (63%). Es gebe im Land eine tiefe Glaubenskrise (48%). Von einer so negativ gesehenen modernen Welt müsse sich die Kirche deutlicher als bisher unterscheiden (39%).

> *Ich habe das Gefühl, dass sich die ganze Gesellschaft in Richtung moderner Atheismus bewegt. Vielleicht ein bisschen deprimierend, aber ich bin ein positiver Mensch. Aber das ist die tatsächliche Situation - Egozentrismus - Mittelpunkt zu sein - das sind die Situationen, mit denen die Kirche sprich Priester oder Laien einen Weg zu finden haben. Das sind die Sachen, die ich sehr stark als Priester sehe und problematisch finde - Priester sollten vor dem 30. Lebensjahr nicht zum Priester geweiht werden, weil Jesus hat auch mit 30 angefangen.*
>
> *Dass der Glaube in der Kirche wieder stärker Widerhall bekommt - dass mehr auf das Wort des Papstes gehört wird in der katholischen Kirche - dass die Auflehnungstendenzen gegen die Kirche sich mehr zurückhalten - und dass die Gläubigen sich nicht von liberalen Tendenzen so vereinnahmen lassen.*

- Die *optimistische* Variante hingegen sieht in der modernen Welt viel Gutes, das – so glauben sie – durch Gottes Geist bewirkt wird. Vertreter dieser Denkschule sehen nicht so sehr den

Glauben in der Krise, sondern die Kirche (57% aller befragten Pfarrer denken so!). Dieser zumindest im Grund guten modernen Welt solle sich die Kirche mehr öffnen (64%). Denn auch das moderne Leben biete dem christlichen Glauben eine gute Chance (52%).

Mehr Offenheit von oben herab - mehr Verkündigung der Frohen Botschaft - Traditionen wahren, aber sich für die heutige Situation der Menschen öffnen - den Wissenschaften öffnen - Moraltheologie.

Grundsätzlich geht es bei dieser Positionierung um die kritische Loyalität mit der modernen Welt. Gesucht wird eine Anwesenheit ohne Anpassung, um ein Wahrnehmen des modernen Lebens in all seinen Facetten, vorab in ihren Stärken. Aufbauend auf diesen geht es dann um jene prophetische Kritik, die nicht duldet, dass die Schöpfung und die Menschen leiden, weil es neben der solidarischen Liebe auch Gewalt, Gier und Lüge gibt.

TABELLE 17: Zur Lage von Glaube und Kirche

weltkritisch	trifft voll zu	trifft zu
Es bedrückt mich sehr, wie der Glaube im Land verfällt	34%	29%
Es gibt in unserem Land eine tiefe Glaubenskrise	19%	29%
Die Kirche muss sich von der modernen Welt deutlicher unterscheiden	13%	26%
kirchenkritisch		
Die moderne Lebenskultur bietet für den christlichen Glauben eine gute Chance	19%	32%
Nicht der Glaube, sondern die Kirche ist in einer tiefen Krise	32%	25%
Die Kirche soll sich der modernen Welt mehr öffnen	37%	27%

ERGEBNIS 15: Fundament des Pfarrerberufs ist die Lage des Christentums in unserer modernen Kultur. Diese wird von den befragten Pfarrern in gegensätzlicher Weise bewertet:
*** Die einen haben eine *optimistische* Sicht: sie fordern daher die Öffnung der Kirche zur modernen Welt, sehen durchaus in der modernen Kultur eine Chance für den Glauben und meinen, dass nicht der Glaube heute in Krise sei, sondern die Kirche, weil und insofern sie sich mit dieser modernen Kultur nicht mutig genug auseinandersetze. Deshalb seien auch die Konzilsreformen konsequenter voranzutreiben.**
*** Die andere Sicht ist *pessimistisch:* Hier gilt die moderne Welt als verweltlicht, säkular, entchristlicht. Wenn sich die Kirche dieser Welt öffnet, dann wird nicht die Welt christlicher, sondern lediglich die Kirche weltlicher. Der Weg des Konzils mit der Öffnung zur Welt erweise sich daher als Irrweg.**

Kirche und moderne Welt

Die Auseinandersetzung mit einer ambivalenten modernen Welt und deren Entwicklung, welche Stärken und Schwächen aufweist, gehört nicht nur zum Schicksal der christlichen Kirchen, sondern prägt auch Beruf und Privatleben ihrer Pfarrer. Öffnung und Abgrenzung, Zuwendung und Abwendung, Wohlwollen oder Verwerfung wachsen im Zuge dieser Auseinandersetzung. Diese Pole schließen einander nicht aus. Es ist möglich, sich zwischen beiden Polen brückenbauend („pontifikal") und balancierend zu bewegen.
Auf die befragten Pfarrer haben beide Pole eine starke Anziehungskraft. Sie besetzen und vertreten oftmals parteilich und kämpferisch einen der beiden Pole. Es war nicht Ziel der zeitknappen Telefonumfrage zu klären, warum es den einen dahin und den anderen dorthin zieht. Tatsache ist aber, dass die einen Pfarrer mehr auf die Welt aus einer eher sich abschließenden Kirche schauen, während andere die Kirche fast schon von außen mit dem Blick der modernen Welt beurteilen.

Modernitätssymbol Priesterkleidung

Es ist eindrucksvoll, wie die meisten Pfarrer ihre Grundhaltung zur modernen Welt symbolisch durch ihre Kleidung zum Ausdruck bringen.
Jene, welche die moderne Welt skeptisch beurteilen, tragen weitaus häufiger Priesterkleidung (87%) als jene, welche eine weitere Öffnung wünschen (13%).

TABELLE 18: Öffnung zur modernen Welt und Priesterkleidung

Die Kirche soll sich der modernen Welt mehr öffnen.	Sollte Ihrer Meinung nach der Priester in der Öffentlichkeit deutlich an der Kleidung erkennbar sein? Antwort ja.
1 völlig richtig	30%
2	32%
3	47%
4	87%
5 lehne ich gänzlich ab	87%
alle	41%

Zeilenprozente

ERGEBNIS 16: Entlang ihrer Einstellung zur modernen Kultur bilden sich unter den Pfarrern Lager: ein modernitätsfreundliches wie ein modernitätsskeptisches. Für die Modernen bietet die moderne Welt gute Chancen für das Evangelium: die Kirche müsse dazu nur – wie das Konzil vorschlug – in diese moderne Welt sich „einlassen", sich ihr öffnen. Für die Antimodernen hingegen bedroht die moderne Welt die Kirche. Um nicht zu verweltlichen, müsse sie sich dieser Welt gegenüber verschließen. – Wie sich ein Priester kleidet, lässt (mit hoher Wahrscheinlichkeit) erkennen, zu welchem Lager er neigt.

Modernität mindert nicht die spirituelle Tiefe

Um gleich ein gängiges Argument vom Tisch zu bekommen: Für manche bedeutet Moderne das Säkulare; nicht wenige verbinden die Auseinandersetzung mit der Moderne mit einer Säkularisierung der Kirche bis in ihr Innerstes. Säkularität steht dann gegen Spiritualität.

Dieser Zusammenhang wird aber durch die wenigen Daten, die in der Studie dazu zur Verfügung stehen[20], nicht gedeckt. Deshalb sprach ja auch der große Konzilseinberufer Johannes XXIII. vom aggiornamento und meinte damit eine tiefgläubige „Verheutigung der Kirche" und keinesfalls eine billige Anpassung an die (wie Kulturkritiker übereinstimmend betonen) höchst ambivalente Moderne. Er wollte – ins Unreine hinein plakativ formuliert – eine „Verchristlichung der Welt" und nicht eine „Verweltlichung der Kirche" erreichen. Genauer: Er wollte, dass die Kirche das geistgewirkte Gute in der modernen Welt, das sich in den Zeichen der Zeit zeigt, annimmt und dass die moderne Welt ihrerseits das Gute aus der Kirche entgegennehmen kann. Das aggiornamento beinhaltet auch, dass sich die Kirche von der Welt kritisieren lässt, wie auch die Kirche die Welt in ihren ungerechten und friedlosen Anteilen prophetisch ohne Gewaltanwendung mahnt. Kurzum, das Konzil wollte eine Form der Evangelisierung, in der die Kirche lernt und lehrt. Dazu aber muss sie sich in die moderne Welt einlassen. Sie muss in einer christusähnlichen Kenosis, wie Kardinal Carlo M. Martini es in einer Exhorte an die Europäischen Bischöfe 1989 in Rom formuliert hatte, vom provinziellen Galiläa in die heidnische weltoffene Stadt Kapharnaum „hinabsteigen".[21]

Wie sehr auch die modernitätsfreundlichen Pfarrer spirituelle Kräfte haben, zeigt das Ergebnis zur Frage nach den Aspekten des Pfarrerberufs[22]. Im „spirituellen Kernbereich" lassen sich lediglich geringfügige Unterschiede zwischen den beiden polaren Gruppen an Modernität erkennen:

TABELLE 19: Übereinstimmung zwischen Weltzugewandten und Weltabgewandten hinsichtlich der spirituellen Aspekte des Pfarrerberufs

Die Kirche soll sich der modernen Welt mehr öffnen.	1 völlig richtig	5 lehne ich gänzlich ab	Überhang bei den Modernen
Sich prophetisch zu Missständen in Gesellschaft und Kirche äußern, gelegen oder ungelegen	55%	46%	9%
Mit Menschen zusammen Gotteserfahrungen machen und als solche deuten	74%	67%	7%
Das Evangelium als Weg zu einem guten Leben verkünden	86%	80%	6%
Ein Mann des Friedens und der Versöhnung sein	80%	74%	6%
Den Sonntag mit einer Gemeinde zu feiern	90%	85%	5%
Ein Anwalt der Schwachen und Bedrängten sein	74%	70%	4%
Menschen, die sich mit dem Glauben schwer tun, das Evangelium erschließen	71%	69%	2%
Kindern und Jugendlichen die Welt des Glaubens erschließen	69%	69%	0%
Gottes Mitarbeiter sein	76%	80%	-4%

Etwas mehr unterscheiden sich beide Gruppen in folgenden Aspekten des Pfarrerberufs:

TABELLE 20: Differenz zwischen Weltzugewandten und Weltabgewandten hinsichtlich der Aspekte des Pfarrerberufs

Die Kirche soll sich der modernen Welt mehr öffnen.	1 völlig richtig	5 lehne ich gänzlich ab	Überhang bei den Modernen
Die Zeichen der Zeit erkennen und an ihnen die Verkündigung des Evangeliums zu formen	84%	61%	23%
Den Menschen in ihren Sorgen zur Seite stehen	88%	75%	13%
Menschen an den für sie wichtigen Lebensübergängen (Geburt, Heirat, Tod) begleiten	92%	80%	12%
Von den Menschen als Mann Gottes wahrgenommen werden	45%	56%	-11%

An der Wertschätzung der Zeichen der Zeit wird die Konzilsnähe der modernitätsoffenen Pfarrer erkennbar; zudem zeigen die Weltzugewandten etwas mehr Aufmerksamkeit für die Sorgen der Menschen und deren Begleitung an den wichtigen Lebensübergängen.

Insgesamt verzeichnen aber sowohl die Modernitätsfreundlichen wie die Modernitätsskeptiker hohe Zustimmungen sowohl zu den gottbezogenen wie zu den menschenbezogenen Aspekten des Pfarrerberufs. Beide wollen offensichtlich Gott *und* den Menschen nahe sein; beiden ist die Öffnung des göttlichen Bereichs für die Menschen ein zentrales Anliegen. Die sakramentalen Vollzüge (sonntägliche Eucharistiefeier mit der Gemeinde, kirchliche Feiern zu den Lebensübergängen) stehen bei beiden Gruppen an der Spitze. Beide können somit in diesem Sinn als spirituell angesehen werden.

Die Ausstattung eines Pfarrers mit spiritueller Kraft ist also von der Offenheit oder Abgrenzung zur modernen Welt nicht abhängig.

ERGEBNIS 17: Das Vorurteil, dass die modernitätsfreundlichen Pfarrer weniger spirituell seien als die modernitätsskeptischen, trifft nicht. Beide Gruppen verfolgen in ihrem Pfarrerberuf Ziele, bei denen Gott und Menschen in Beziehung kommen sollen.

Modernität und Zweites Vatikanisches Konzil

Die Auseinandersetzung mit der modernen Kultur hängt für die Pfarrer eng mit dem Zweiten Vatikanischen Konzil zusammen. Weltzugewandte Pfarrer sind offenbar ungehalten, dass die Reformen jenes Konzils, das die Fenster der Kirche zur modernen Welt nach Jahrhunderte langem Verschließen[23] öffnen wollte, nur schleppend vorankommen – oder wie manche befürchten, eher in kleinen Schüben wieder zurückgefahren werden. Weltzugewandte Pfarrer verlangen daher nahezu geschlossen: *„Die Beschlüsse des Zweiten Vatikanischen Konzils sollen entschlossener durchgeführt werden."* (90%). Weltabgewandte haben diesen entschiedenen Wunsch weit weniger.

TABELLE 21: Modernität und Konzil

Die Kirche soll sich der modernen Welt mehr öffnen	trifft voll zu: Die Beschlüsse des Zweiten Vatikanischen Konzils sollen entschlossener durchgeführt werden
1 völlig richtig	90%
2	70%
3	54%
4,5 nicht richtig	38%
alle	70%

ERGEBNIS 18: Die Modernen wollen mehr von den Konzilsreformen verwirklicht sehen, die Antimodernen hingegen weniger.

Modernität und (Dis-)Sonanzen

Auf Grund der Auseinandersetzung mit der ambivalenten Moderne steckt also die katholische Kirche unentrinnbar in einer tiefen Umbaukrise. Die Konstantinische Ära ist endgültig zu Ende. Glaube ist auch im katholischen Österreich – was Jahrhunderte der Fall war, nicht mehr „Schicksal", sondern „Wahl". Die Menschen können, so Peter L. Berger, alles wählen, nur nicht, ob sie wählen wollen.[24] Zu welchem Zeitpunkt eine solche Wahl stattfindet, bleibt offen: Manche werden in eine Lebensgestalt hineingeboren und stellen diese ein ganzes Leben lang nicht in Frage. Andere unterwerfen sich der Anstrengung, zu reflektieren, neu zu bewerten und eben dann zu „wählen". Ob also jemand Mitglied der Kirche bleibt oder austritt, was er vom Glaubenskosmos des Evangeliums und der Kirche übernimmt, wie er, wie sie sich am Leben der kirchlichen Gemeinschaft beteiligt, was jemand – mit oder ohne formelle Mitgliedschaft – von einer Kirche erwartet, ist der Entscheidung des Einzelnen überlassen. Dabei erfolgt diese Entscheidung nicht im sozial leeren Raum, sondern eingebunden in die lange Biographie.

Mit dem Wählen können, ja Wählenmüssen, ist auch die Möglichkeit von Annäherung und Entfernung gegeben, im Rahmen der Mitgliedschaft oder ohne diese. Religiöse Mobilität wird immer mehr zum Normalfall.

Von der Einbindung in die Gemeinschaft (englisch steht dafür das bessere Wort vom commitment) hängt stark ab, ob die persönliche Religiosität vom Evangelium überformt wird oder nicht. Die Forschung versucht schon geraume Zeit herauszuschälen, wovon diese Entscheidung abhängt. Hohe Aufmerksamkeit genießt die Frage, welchen Anteil die Kirchen selbst haben. Warum etwa treten Menschen aus einer Kirche aus?

Eine Studie der Deutschen Bischofskonferenz über Kirchenaustritte[25] mutmaßte hypothetisch, es seien neben der Verlagerung vom Schicksal zur Wahl besonders die Irritationen, welche eine kirchliche Gemeinschaft bei Mitgliedern auslöst. Je mehr Irritationen, so die Annahme, desto höher die Bereitschaft, die Kirche formell zu verlassen und die Mitgliedschaft aufzukündigen. Angesichts der explodierenden Austrittszahlen rund um die Missbrauchskrise scheint sich diese Annahme zu bestätigen. Aber sind es wirklich die Irritationen, welche Leute gehen machen? Würde es daher den Kirchen besser ergehen ohne die ständigen Irritationen, die durch das Kirchenvolksbegehren mit scharfem Blick medial gekonnt bespielt worden sind? Oder sind diese Irritationen für viele „lediglich" der letzte Anstoß, aber nicht die eigentliche Ursache?

Die deutsche Kirchenaustrittsstudie schmälert nicht die negativen Wirkungen der Irritationen. Aber sie relativiert diese auch. Das leuchtet ein: Auch jene, die bleiben, sind von den kirchlichen Vorgängen oft – weil besser informiert – hoch irritiert. Und dennoch bleiben sie. Der Grund, so Allensbach, sind starke „Gratifikationen". Also das, was mir verloren ginge, wenn ich die Kirche verließe. Für manche sind das die Rituale zu den Lebenswenden. Für andere erfahrene Diakonie oder seelsorglicher Trost. Manche bleiben, weil sich die Kirchen gemeinsam für Frieden, Gerechtigkeit und Bewahrung der Schöpfung einsetzen. Andere wegen der von den christlichen Kirchen stark getragenen Hospizbewegung. Es gibt viele Gründe zu bleiben. Nur: Wenn einem diese abhandenkommen, mindert sich auch die bindende Kraft der Gratifikationen. Irritationen können dann leichter der Anstoß zum Austreten werden.

Übrigens ist dieser Aspekt des Bleibens oder Gehens der Bibel nicht fremd. Der Evangelist Johannes berichtet von einer ähnlichen Konstellation:

„Viele seiner Jünger, die ihm zuhörten, sagten: Was er sagt, ist unerträglich. Wer kann das anhören? Jesus erkannte, dass seine Jünger da-

rüber murrten, und fragte sie: Daran nehmt ihr Anstoß? Was werdet ihr sagen, wenn ihr den Menschensohn hinaufsteigen seht, dorthin, wo er vorher war? Der Geist ist es, der lebendig macht; das Fleisch nützt nichts. Die Worte, die ich zu euch gesprochen habe, sind Geist und sind Leben. Aber es gibt unter euch einige, die nicht glauben. Jesus wusste nämlich von Anfang an, welche es waren, die nicht glaubten, und wer ihn verraten würde. Und er sagte: Deshalb habe ich zu euch gesagt: Niemand kann zu mir kommen, wenn es ihm nicht vom Vater gegeben ist. Daraufhin zogen sich viele Jünger zurück und wanderten nicht mehr mit ihm umher. Da fragte Jesus die Zwölf: Wollt auch ihr weggehen? Simon Petrus antwortete ihm: Herr, zu wem sollen wir gehen? Du hast Worte des ewigen Lebens. Wir sind zum Glauben gekommen und haben erkannt: Du bist der Heilige Gottes." (Joh 6,60-69)

Dissonant nicht mit der Kirche, wohl aber mit der Kirchenleitung

Auch den befragten Pfarrer könnte es ähnlich ergeben. Denn irritiert sind sehr viele von ihnen. Sie haben vor allem enorme Probleme: *nicht mit ihrer Kirche, wohl aber mit der eigenen Kirchenleitung.*

Dabei sind die Dissonanzen umso größer, je mehr die Öffnung zur modernen Welt gesucht wird. Einer – aus der Wahrnehmung der Pfarrer und des Kirchenvolks – eher modernitätsskeptischen und daher zu wenig weltoffenen Kirchenleitung steht ein großer Teil der Pfarrer deshalb stark irritiert gegenüber, weil sie die Weltoffenheit als unverzichtbar für ihren Pfarrerdienst ansehen. Dazu kommt, dass die modernitätsfreundlichen Pfarrer eine solche Nichtübereinstimmung mit der Kirchenführung in wichtigen Fragen (!) nicht nur bei sich selbst (72% im Durchschnitt) orten, sondern – noch stärker – auch bei den meisten Kirchenmitgliedern (90%). Auch das macht gerade den aufgeschlossenen Pfarrern die Arbeit sehr schwer. (*Siehe Tabelle 22)*

TABELLE 22: (Dis-)Sonanzen

Die Kirche soll sich der modernen Welt mehr öffnen	trifft zu: Ich denke in vielen wichtigen Fragen anders als die Kirchenleitung	trifft zu: Die Vorstellungen von Kirchenleitung und Kirchenvolk klaffen in wichtigen Fragen immer mehr auseinander
1 völlig richtig	72%	90%
2	56%	79%
3	34%	59%
4,5 nicht richtig	16%	47%
alle	52%	75%

Diese Grundspannung zwischen Pfarrern und Kirchenleitung birgt einen enormen Sprengstoff. Sie kann bei den Pfarrern unterschiedliche Folgen zeitigen:

- Nicht wenige Pfarrer beteiligen sich an *Reforminitiativen*; die Pfarrerinitiative oder das Kirchenvolksbegehren sind Beispiele dafür.
- Andere transformieren ihre Dissonanz in von der offiziellen amtlichen Linie *abweichendes Handeln.* Das betrifft die Ökumene, die Pastoral mit wiederverheiratet Geschiedenen; abweichendes (pastoral verantwortetes) Tun finden wir also in wichtigen Belangen der seelsorglichen Tätigkeit von Pfarrern. Wir stoßen auf dieses Muster abweichenden Handelns – wie noch auszuführen sein wird – auch in der Gestaltung der Lebensform. Ob nicht auch bald die Zeit kommen wird, in der Pfarrer in Basisgruppen nicht geweihte Mitglieder bitten, dem Herrenmahl vorzustehen? In manchen Regionen der katholischen Kirche ist das bereits der Fall.
- Immer mehr *emigrieren innerlich.* Sobald sie können, gehen sie in Pension.
- Andere *heiraten* aus dem Amt weg; sie versuchen das berufliche Unglück mit privatem Glück auszutauschen.

- Nicht zuletzt flüchten manche auch in *psychosomatische Krankheiten* oder nehmen Zuflucht zu Alkohol und Drogen. Aus der kreativen Sehnsucht der Priesterberufung wird destruktive Flucht.

ERGEBNIS 19: Es gehört zu den bedrängenden Ergebnissen der Studie, dass aus der Sicht von 75% aller Pfarrer zwischen dem Kirchenvolk und der Kirchenleitung in vielen wichtigen Fragen ein tiefer Dissens herrscht. Ein solcher ist bei 52% der Pfarrer – den „leitenden Angestellten" der Kirche – vorhanden. Bei den Modernitätsoffenen steigen die Werte drastisch: Dissonanz Kirchenvolk-Kirchenleitung 90%, Dissonanz Pfarrer-Kirchenleitung 72%.

Modernität und Behebung des Priestermangels

Die Studie macht massive Dissonanzen in beruflicher Hinsicht offenbar. Dabei nimmt die ungelöste Frage nach dem Priestermangel einen wichtigen Platz ein. Pfarrer merken, dass die Hauptlast der an den Priestermangel gebundenen Umstrukturierung auf ihren Schultern ruht. Lediglich 9% aller Befragten lehnt die Aussage ab: *„Im Zuge des Priestermangels wird dem Pfarrer zu viel Arbeit aufgelastet."* Für 46% trifft dieser Befund voll und ganz zu, für weitere 29% trifft er zu. Das sind zusammen drei Viertel aller Befragten. Unter den modernitätsfreundlichen Pfarrern fühlen sich 83% überlastet – vielleicht auch, weil sie die „kognitive Dissonanz" zwischen Moderne und Erbe mehr erleiden –, unter den Modernitätsskeptischen hingegen nur 48% – haben sie sich vielleicht für den Weg des geringeren Widerstands entschieden und sich ohne große Reflexion den traditionellen kirchlichen Vorgaben unterworfen? Können sich diese mehr abgrenzen? Oder ziehen sie sich in ihrer Arbeit von einer zeitaufwändigen Seelsorge auf die kultisch-sakramentalen Anteile des Pfarrerberufs zurück, und das in einer Gemeinde? (*Siehe Tabelle 23*)

Bildung pastoraler Großräume

Die laufende Umstrukturierung der pastoralen Räume beunruhigt viele Pfarrer tief.

Dabei lehnen sie größere pastorale Räume keinesfalls ab: 49% der Modernitätsfreundlichen stimmen der Aussage voll zu: *„Große pastorale Räume sind für manche Aufgaben (wie Bildungsarbeit, Jugend, Schulung von Mitarbeitenden etc.) unverzichtbar."* Die Modernitätsskeptischen erweisen sich deutlich parochialer, pfarrgebundener (35%). Für 76% der Modernen ist die Kirche in

TABELLE 23: Modernität und Überlastung

		Im Zuge des Priestermangels wird den Pfarrern zu viel Arbeit aufgelastet.					
Die Kirche soll sich der modernen Welt mehr öffnen.		1-trifft voll zu	2	3	4	5-trifft überhaupt nicht zu	Zeile – Gesamt
	1 völlig richtig	60%	23%	11%	3%	3%	37%
	2	45%	38%	13%	3%	1%	27%
	3	39%	28%	24%	3%	5%	23%
	4,5 nicht richtig	20%	28%	25%	13%	15%	12%
	alle	46%	29%	16%	4%	4%	

Pfarrgemeinden lebendig – Modernitätsskeptiker sehen das zu 52% so.

Gleichzeitig sind aber 84% der Modernitätsfreundlichen der Ansicht, dass *große pastorale Räume nicht die menschennahen Gemeinschaften ersetzen.* Folglich befürchten auch 51% von ihnen, dass sich *durch die Bildung sehr großer pastoraler Räume (z.B. Pfarrverbände) die Kirche immer mehr von den Menschen entferne.* 59% wünschen daher auch, dass *in einer Gemeinschaft von 70 Gläubigen die sonntägliche Eucharistiefeier stattfinden* kann.
(*Siehe Tabelle 24)*

Die befragten Pfarrer sind daher angesichts der neuen Ordnung des pastoralen Raums besorgt. Es sind vor allem jene, die eine Kirche für moderne Menschen verantworten möchten und die in erster Linie Seelsorger sein wollen, denen daher Menschennähe wichtig ist.

Zusammenfassend lässt sich festhalten, dass die tiefe Sorge zumal der weltoffenen Pfarrer drei Aspekte betrifft:

- Die Kirche *entfernt sich* durch die Bildung großer pastoraler Räume von den Menschen; 51% der modernitätsfreundlichen, 31% der modernitätsskeptischen Pfarrer sehen dies so.

TABELLE 24: Regionalizing und localizing

	Große pastorale Räume sind für manche Aufgaben (wie Bildungsarbeit, Jugend, Schulung von Mitarbeitenden etc.) unverzichtbar	Große pastorale Räume ersetzen nicht die menschennahen Gemeinschaften	Durch die Bildung sehr großer pastoraler Räume (z.B. Pfarrverbände) entfernt sich die Kirche immer mehr von den Menschen	Wo etwa siebzig entschieden gläubige Personen eine Gemeinschaft bilden, sollen sie auch jeden Sonntag Eucharistie feiern können
1 völlig richtig	49%	84%	51%	59%
2	42%	82%	35%	35%
3	43%	71%	27%	44%
4,5 nicht richtig	38%	64%	31%	42%
alle	45%	78%	39%	47%

- Den Pfarrern wird durch die Zusammenfassung von Pfarren *immer mehr Arbeit* aufgelastet. Wie auch die 2009 in Österreich befragten Pfarrgemeinderäte sehen die befragten Pfarrer, dass die Umstrukturierung vor allem mit dem Priestermangel zu tun hat. Weil es zu wenige gibt, müssen die wenigen immer mehr tun.
- Es kommt zu einem empfindlichen *Wandel in der Pfarrerrolle*; die Hauptaufgaben der Pfarrer verlagern sich stark, und dies in einer nicht erwünschten Richtung. Stark abnehmen wird, so befürchten alle, Seelsorge, Mitarbeiterförderung, Sakramente feiern, Christus repräsentieren. Zunimmt einzig das pastorale Großraummanagement. Die Modernitätsfreund-

lichen befürchten doppelt so viele Veränderungen (Summe 184 Prozentpunkte) als die Modernitätsskeptischen (Summe 91 Prozentpunkte).

TABELLE 25: Veränderung in der Pfarrer-Berufsrolle – nach Modernität

		1 völlig richtig	4,5 nicht richtig
Seelsorger an der Seite der Menschen	Wunsch	96%	84%
	10 Jahren	40%	41%
	In Differenz	-56%-	43%
Förderer der Mitarbeitenden in den Pfarren	Wunsch	86%	70%
	In 10 Jahren	48%	52%
	Differenz	-38%	-18%
Leiter eines pastoralen Großraums	Wunsch	7%	8%
	In 10 Jahren	38%	27%
	Differenz	32%	18%
Vorsteher bei der Feier von Sakramenten	Wunsch	73%	85%
	In 10 Jahren	47%	72%
	Differenz	-26%	-13%
Einer, der Christus als das Haupt der Gemeinde erfahrbar macht	Wunsch	77%	90%
	In 10 Jahren	45%	72%
	Differenz	-32%	-18%

Wie ist aber zu erklären, warum die modernitätsfreundlichen Pfarrer erheblich mehr Sorgen im Blick auf ihre Aufgaben als Seelsorger haben als die modernitätsskeptischen? Haben vielleicht die Modernitätsskeptischen weniger Besorgnis, weil sie mit Entscheidungen der Kirchenleitung – hier auch in Bezug auf die Neuordnung der pastoralen Räume – eher leben können als die kirchenleitungskritischeren Modernitätsfreundlichen? Oder suchen manche Modernitätsskeptische gar nicht den offenen Dialog mit der modernen Welt und deren Menschen und meiden daher eher die seelsorgliche Menschennähe?

ERGEBNIS 20: Größeren pastoralen Räumen stehen auch die modernen Pfarrer für bestimmte Aufgaben offen gegenüber. Allerdings setzen sie voraus, dass die Kirche den Menschen nahe bleibt und deshalb die lokalen Gemeinschaften nicht aufgibt. Nicht zuletzt sehen sie, wie die Bildung großer Räume in erster Linie eine Reaktion auf den Priestermangel ist: Auf diese Weise aber wird den wenigen Priestern immer mehr Arbeit aufgelastet. Pfarrer klagen über enorme Überlastung. – Zudem leiden sie unter einem verlustreichen Umbau ihrer Pfarrerrolle. Was sie tun möchten (Seelsorge, Feier der Sakramente, Christus repräsentieren, Mitarbeiter fördern), werden sie – so ihre Befürchtung – in zehn Jahren deutlich seltener tun. Dafür werden sie pastorale Großräume managen. Da das Leiten von Großräumen nicht „geistlich" verstanden und nur schwer so gestaltet werden kann, kommt es zu einer Art „Entgeistlichung" der „Geistlichen".

Priestermangel beheben

Als Grund für ihre Überlastung sehen die amtierenden Pfarrer nicht nur die erhöhten Ansprüche an die Seelsorger unter modernen Lebensbedingungen. Einer der Hauptgründe ist für sie vielmehr der akute Priestermangel. Die Arbeitsbelastung könnte folglich kleiner werden, wenn es mehr Priester gäbe. Den Priestermangel zu reduzieren ist daher eine naheliegende Forderung vieler Pfarrer.

Dass die Diskussion um die Zulassungsbedingungen mit dem Priestermangel begründet ist und die Bischöfe streng in Pflicht nehme, wurde von Theologen wie Karl Rahner zusammen mit Joseph Ratzinger schon vor Jahrzehnten betont. Es gebe einen Vorrang des pastoralen Heilsdienstes:

„Natürlich ist der Priestermangel nicht allein durch die Zölibatsverpflichtung bedingt, sondern hat auch viele andere und tiefer liegende Gründe. Es wäre aber dennoch falsch, daraus zu schließen, dass die beiden Dinge gar nichts miteinander zu tun hätten. Wenn ohne Modifizierung der Zölibatsgesetzgebung ein genügend großer Priester-

nachwuchs zu gewinnen ist – und diese Frage ist auch für unser Land immer noch bedrohlich offen –, dann hat die Kirche einfach die Pflicht, eine gewisse Modifizierung vorzunehmen. Die Überzeugung, dass Gott auf jeden Fall genügend ehelose Priester durch seine Gnade zu allen Zeiten erwirken werde, ist eine gute und fromme Hoffnung, theologisch aber unbeweisbar, und kann in Überlegungen nicht der einzige, ausschlaggebende Gesichtspunkt bleiben. Gerade die jungen Priester, die noch einen großen Teil ihres priesterlichen Lebens und ein steigendes Ausmaß ihres Dienstes für die Kirche vor sich sehen, fragen sich angesichts dieses akuter werdenden Priestermangels, wie diese Lebensprobleme der Kirche und ihres eigenen Amtes in einigen Jahren noch gemeistert werden können, wenn sie selbst einmal größere Verantwortung übernehmen müssen. Für sie genügt der ideale Blick nach rückwärts nicht, auch wenn sie selbst an der von ihnen gewählten Lebensform festhalten."[26]

Hinsichtlich der Lösungsvorschläge spielt neuerlich die Modernitätsfreundlichkeit eine beträchtliche Rolle. (*Siehe Tabelle 26)*

Von den vorgelegten Lösungsmöglichkeiten akzeptieren die modernitätsfreundlichen Pfarrer weitaus mehr (Summe 425) als die Kontrastgruppe (122). Am ehesten können sich die Modernitätsskeptischen vorstellen, dass verheiratete Männer geweiht werden; sie befürworten, dass gemeindeerfahrene Personen aus der örtlichen Gemeinde gewählt, ausgebildet und in ein örtliches Ältestenteam in der Gemeinde geweiht werden.[27]
Beachtlich hoch sind die Zustimmungen bei den Modernen zu allen Mehrungsvarianten. Der Pool, aus dem die katholische Kirche ihre Priester nimmt, soll ohne Einschränkung geöffnet werden. Und das zunächst einmal, um die Pfarrer zu entlasten. Mehr Priester – weniger Überlastung, lautet die Formel.

ERGEBNIS 21: Für die modernitätsfreundlichen Pfarrer ist jede Ausweitung des Pools, aus dem die Priester genommen werden, willkommen. Nur dieser Schritt lässt sie auf Arbeitsentlastung hoffen.

TABELLE 26: Reduzierung des Priestermangels – nach Modernität

Die Kirche soll sich der modernen Welt mehr öffnen.	1 völlig richtig	4,5 nicht richtig	alle
Die katholische Kirche soll Frauen zu Priesterinnen weihen.	75%	7%	51%
Die katholische Kirche soll verheiratete Männer zu Priestern weihen.	92%	36%	79%
Priester sollen heiraten und im Dienst bleiben können.	85%	18%	62%
Die katholische Kirche soll laisierte Priester wieder in den Dienst nehmen.	82%	23%	62%
Kann die Kirche in gläubigen Gemeinschaften keinen ehelosen Priester zur Verfügung stellen, sollen bewährte Personen aus der Gemeinschaft ausgebildet und geweiht werden.	91%	38%	75%

Das Priesteramt anreichern

Die Modernen plädieren für die Ausweitung des Pools, aus dem die Priester genommen werden, aber nicht nur zur eigenen Entlastung, sondern noch aus einem wesentlich anderen Grund. Hier geht es nicht um die Behebung des Priestermangels, sondern um eine qualitative Anreicherung des Priesteramts. Durch Ausweitung des Pools, aus dem die katholische Kirche die Priester bezieht, könne das Priesteramt an Reichtum und Farbe gewinnen. Kämen doch Personen mit einem anderen Erfahrungshintergrund dazu: die Lebenserfahrungen von zivilen Berufen und reicher Gemeindeerfahrung; der weibliche Hintergrund und jener einer Familie, also der partnerschaftlichen, erotisch-sexuellen Liebe sowie der eigenen Kinder.

Hintergrund Zivilberuf und Gemeindeerfahrung

„Viri probati" – also in Ehe und Beruf bewährte Männer – zu Priestern zu weihen, ist eine alte Forderung in der katholischen Kirche. Zumeist denken jene, die das vorschlagen, an die theologisch gut gebildeten und pastoral wertvollen Pastoralassistenten.[28] In deren Berufsgruppe gibt es dagegen freilich Widerstände, weil eine Weihe bloß der männlichen Pastoralreferenten als stillschweigende Diskriminierung der Pastoralreferentinnen angesehen wird. Geweiht werden könnten auch, so denken vor allem viele aus dieser amtlichen Berufsgruppe, verheiratete Diakone. Einige davon brächten auch bereits die Lebenserfahrung eines Zivilberufs mit. Hier ist das geschlechterspezifische Problem nicht so drängend, weil die katholische Kirche immer noch um das Diakonat von Frauen ringt.

Gegen diese womöglich rasche Weihe von probaten Hauptamtlichen werden gewichtige Argumente vorgerbacht. Es wäre in Zeiten, in denen die Kirche sehr um die Förderung der Charismen aus dem Kirchenvolk bemüht ist, möglicher Weise ein Rückschlag. Manche Hauptamtliche ziehen pastorale Tätigkeiten an sich, welche von ehrenamtlichen Laien durchaus kompetent gemacht werden (können). Noch schwerer wiegt, dass es nur die reichen Kirchen sind, welche sich Hauptamtliche leisten können.

Der Vorschlag aus armen Kirchen geht daher in eine andere Richtung. Der Erzbischof Albert Rouet aus Poitiers in Frankreich, dessen Motto heißt, den Laien ernsthaft zu vertrauen, errichtet örtliche Gemeinschaften in einem pastoralen Sektor (secteur) nur dann, wenn für die gemeindlichen Grundvorgänge Gebet, Wort und Dienst sich kompetente Laien (Frauen und Männer) bereit finden, die dann wiederum über eine Kultur des Rufens für ihr Arbeitsfeld weitere Laien gewinnen. Auch die Leitung der örtlichen Gemeinschaft sowie die Sorge um die Finanzen (das Fundraising) werden ehrenamtlichen Laien übertragen.

Der Erzbischof bleibt freilich in der Priesterfrage traditionell. Denn er ordnet bei der kirchenrechtlichen Errichtung der örtlichen Gemeinschaft dieser einen Priester aus seinem Presbyterium zu. Ausdrücklich heißt es, dass dieser nicht am Ort wohnt. Die Frage nach der sonntäglichen Eucharistiefeier wird so gelöst, dass sie in der Gemeinschaft selten stattfindet, regelmäßig Sonntag nur im Sektor gefeiert wird – während die einzelnen örtlichen Gemeinschaften des Sektors an der Eucharistiefeier durch einen zeitgleichen Gottesdienst „teilnehmen".

Der inzwischen emeritierte südafrikanische Ortsbischof Fritz Lobinger, lange Leiter des südafrikanischen LUMKO-Instituts, dem wir das „Bibelteilen"[29] verdanken, geht einen Schritt weiter und entwirft die Idee von örtlichen Presbyterien in diesen örtlichen Gemeinschaften. Die Gemeinde hat die Grundvorgänge ihres gläubigen Lebens selbst in die Hand genommen. Der Bischof muss über fünf Jahre hindurch bedauern, keinen (ehelosen hauptamtlichen) Priester geben zu können. Dann ist die Gemeinde aufgefordert, drei gemeindeerfahrene Personen („personae probatae") auszuwählen. Diese werden dem Bischof zu einer theologisch-pastoralen Ausbildung mit eigenem Zuschnitt vorgeschlagen. Dann weiht sie der Bischof in ein „örtliches Presbyterium".[30] Ein „Team of Elders", ein Ältestenteam wird eingerichtet. Es geschieht das Gleiche, was der große Europamissionar Paulus gemacht hat, wenn er eine Gemeinde gegründet hat: Er hat Älteste mit der Leitung beauftragt (Apg 14,23). Weil er dazu Männer wie Frauen bestellt hat, spricht Bischof Fritz Lobinger von „personae probatae", gemeindeerfahrene Personen, und nicht von „viri probati", also (in Ehe und Beruf) erfahrene Männer.[31]

Dieses Modell genießt bei den befragten Pfarrern hohe Akzeptanz. Unter den befragten Pfarrern können sich 75% vorstellen: *„Kann die Kirche in gläubigen Gemeinschaften keinen ehelosen Priester zur Verfügung stellen, sollen bewährte Personen aus der Gemeinschaft ausgebildet und geweiht werden."*

Amtstheologisch besehen wird auf diesem Weg das katholische Priesteramt vielfältiger. Es gibt dann „absolut geweihte" Priester, die einer Diözese zugeordnet sind. Vielleicht werden morgen diese

Priester akademisch ausgebildet sein und ohne Familie leben. Das macht sie mobiler als die verheirateten Priester mit Kindern. Ihre Hauptaufgabe wäre dann die Gründung von neuen Gemeinden. Sie wären in diesem Sinn „Gründungspriester". Daneben gibt es „relativ geweihte" Priester, relativ – also bezogen auf einen pastoralen Großraum und in dieser einer örtlichen Gemeinschaft zugeteilt. Die Stabilität ermöglicht auch leichter, dass sie verheiratet sind. Sie sind neben den „Gründungspresbytern" „Leitungspresbyter".
Was die Deutschen Bischöfe 1977 in ihrer Ordnung der Pastoralen Dienste – gestützt auf die Beschlüsse der Gemeinsamen Synode 1975 – über das priesterliche Amt geschrieben haben und noch miteinander verknüpft haben und was im Grund in jedem Priesteramt vorhanden sein muss: Mission und Leitung, wird nunmehr typologisch aufgeteilt auf zwei Arten von Presbytern. Die Bischöfe schrieben wörtlich:

„Da alle Dienste in der Gemeinde Ursprung und Maß in Jesus Christus haben, müssen sie immer wieder für ihren Auftrag zugerüstet werden. Dies ist die spezifische Aufgabe des Amtes: In Person und Auftrag Christi (2 Kor 5,20) soll es die Gemeinde und ihre Glieder zu ihrem eigenen Dienst bereit und fähig machen, Gemeinden gründen und leiten, der Gemeinde neue Glieder zuführen und für deren Einheit in Christus Sorge tragen (vgl. Eph 4,12)".[32]

Hintergrund Frauenleben

Dass 52% aller Befragten die Ordination von Frauen wünschen (nur 22% sind strikt dagegen, 10% dagegen), wurde schon weiter oben dokumentiert. Die Mehrheit der amtierenden Pfarrer kann sich Amtskolleginnen sehr gut vorstellen: unter den Modernitätsfreundlichen denken 83% so, und selbst unter den Modernitätsskeptikern immerhin 30%. Die veränderte Stellung der Frau in der Gesellschaft – ein zentrales Moment moderner Kultur – hat Einzug in die katholische Kirche gehalten. Das von Johannes Paul II. erlassene Diskussionsverbot scheint bei einer großen Zahl der befragten Pfarrer überholt zu sein. Frauenordination ist für viele kein theologisches Diskussionsthema mehr, sondern schlicht eine kirchenpolitische Forderung.

Dem Thema der Frauen und das Priesteramt hat sich die Linzer Studie ausführlicher gewidmet. Hier sind die wichtigsten Ergebnisse zusammengefasst:
„Dass Frauen in der Pfarre nur unterstützende Tätigkeiten ausüben sollen, wird von 60% voll und 15% eher abgelehnt; sehr starke Befürwortung erhält die Mitwirkung von Frauen während der heiligen Messe. Dass Frauen für die Ausübung des Priesteramtes genauso gut geeignet sind wie Männer, erfährt von der Hälfte volle Bekräftigung und von weiteren 16% tendenzielle; die Zustimmung zur Aussage ‚Wenn ich die Möglichkeit hätte, würde ich Frauen zur Priesterweihe zulassen' ist nur wenig geringer. Allerdings ist bei letzterer Aussage wieder der bekannte Zusammenhang (signifikant) mit dem Alter zu konstatieren, während dieser bei der Zuschreibung der gleichen Eignung für das Priesteramt nicht gegeben ist. In der Frage der Zulassung von Frauen zur Priesterweihe sind die Priester aus der Diözese Linz mit zwei Drittel uneingeschränkter Zustimmung (20% mehr als im Durchschnitt!) wesentlich entschlossener als die anderen, den Gegenpol nimmt Wien mit 37% klarer Ablehnung ein.
Was erwartete Folgen der Zulassung von Frauen zum Priesteramt betrifft, wird nur von relativ wenigen befürchtet, dass die Frauen die Oberhand in der Kirche übernehmen würden; etwas häufiger schon befürchtet man eine Verunsicherung der Gläubigen (11% sehr, 16% eher). 3 von 10 Befragten fordern, dass in diesem Fall auch für Frauen die Zölibatspflicht zu gelten hätte. Rund die Hälfte gehen deutlich oder tendenziell davon aus, dass eine positive Haltung der Kirchengemeinde zu erwarten wäre, bzw. dass das eine mögliche Maßnahme gegen den Priestermangel darstellte. – Dass die Zulassung von Frauen zum Priesteramt aus

theologischen Gründen gar nicht möglich sei, bekräftigen ein Viertel; 57% lehnen diese Behauptung klar ab. – Wiederum zeigt die jüngste Altersklasse die – zum größeren Teil mit Abstand – negativsten bzw. restriktivsten Stellungnahmen zum Thema Frauen im Priesteramt, und die Abstufungen der Antworten erfolgen auch hier wieder bei den Items mit signifikanten Unterschieden (weniger Priestermangel, Zölibat auch für Frauen, theologisch nicht möglich) im bereits bekannten Muster.
Dass sich in naher Zukunft etwas an der Situation der Frau in der Kirche ändert, erachten 44% als sehr notwendig und 28% als eher notwendig; für 16% ist dies eher nicht notwendig und für 12% gar nicht notwendig. Wiederum: Mit steigendem Alter, ausgenommen jene über 75 Jahre, steigt die Zustimmung zur Notwendigkeit (sehr und eher) einer Veränderung der Situation der Frau in der Kirche. Je klarer diese Notwendigkeit bestätigt wird, desto eher gehen die Forderungen in Richtung völlige Gleichstellung, Zulassung zu allen Weiheämtern oder zumindest Zulassung zur Priesterweihe."[33]

Hintergrund Partnerschaft

Eine ähnliche Anreicherung des Amts und seiner Ausübung in heutiger Zeit wird von vielen Pfarrern durch die Weihe von verheirateten Personen erwartet. Partnerschaftliches Leben und erotisch-sexuelles Lieben, dazu auch die Erfahrung mit eigenen Kindern, würden dem priesterlichen Amt in der katholischen Kirche zusätzliche Stärken und Farben verleihen. Bei diesem Thema spielt vermutlich die moderne Sicht ganzheitlich gelebter Sexualität eine bedeutende Rolle. Auch in dieser Frage sind die modernitätsfreundlichen Pfarrer weitaus offener als die modernitätsskeptischen: die Zustimmung liegt bei dieser Gruppe je nach Aussage zwischen 55 und 75%. Aber auch unter den Modernitätsskeptischen sind die Werte zwischen 10 und 28%.

TABELLE 27: Partnerschaftlicher Erfahrungshintergrund

Die Kirche soll sich der modernen Welt mehr öffnen.	1 völlig richtig	4,5 nicht richtig	alle
in der Partnerschaft/Familie einen Ort zu haben, wo ich mich mit den Freuden und Sorgen des Berufsalltags aufgehoben weiß	72%	28%	55%
mich emotional in einer partnerschaftlichen Beziehung (mit)getragen zu wissen	70%	23%	52%
meinen Glauben mit einer Partnerin/ meiner Familie zu teilen	68%	28%	52%
die Erfahrung, in einer Partnerschaft zu leben	61%	17%	48%
die Erfahrung, auch eigene Kinder ins Leben zu begleiten	55%	10%	41%
Sexualität in einer veröffentlichten Beziehung zu leben	46%	10%	31%

Nicht wenige Pfarrer haben diese Fragen nicht nur aus pastoralen Gründen zustimmend beantwortet, sondern auch aus persönlichem Interesse. Dieses Eigeninteresse schmälert jedoch nicht das pastorale Argument von der Anreicherung des Priesteramts.
Zum Beleg für diese kirchenpolitisch wichtige These dokumentieren wir die Korrelation zwischen der Frage, ob jemand – wenn er bei Behalten des Priesteramts heiraten könnte – dies auch faktisch machen würde, und der Einschätzung des partnerschaftlichen Erfahrungshintergrunds. (*Siehe TABELLE 28)*

- Dass jene Pfarrer, die sicher bzw. wahrscheinlich nicht weiter ehelos leben würden, die Hintergrunderfahrung Partnerschaft sehr hoch einschätzen, liegt nahe: sonst wäre ja die Partnerschaft für sie keine Option. 49% aller Befragten gehört zu

TABELLE 28: Heiratsbereitschaft und Wertschätzung einer Partnerschaft

Die Kirche soll sich der modernen Welt mehr öffnen.	1 völlig richtig	4,5 nicht richtig	alle
heiratsbereit und hohe Wertschätzung einer Partnerschaft	58%	20%	49%
bliebe ehelos und hohe Wertschätzung einer Partnerschaft	31%	20%	29%
bliebe ehelos und wenig Wertschätzung einer Partnerschaft	10%	61%	22%

dieser Gruppe von Pfarrern. Unter den modernitätsoffenen sind es 58%.

- Beachtlich hoch ist aber auch die Wertschätzung bei einem Teil jener Pfarrer (29%), die weiterhin sicher – und noch mehr bei jenen, die wahrscheinlich keine Partnerschaft eingehen würden, auch wenn ihnen dies möglich gemacht wäre. 57% derer, die sicher nicht heiraten würden, können sich eine Zusammenarbeit mit Priesterinnen gut vorstellen. Ein Drittel schätzt es hoch ein, den Glauben in einer Familie zu leben und sich mit den Freuden und Sorgen des priesterlichen Dienstes in einer Partnerschaft gut aufgehoben zu wissen.
- 22% schließlich blieben ehelos und schätzen zugleich den Wert einer Partnerschaft als Hintergrund für das Priesteramt nicht positiv ein. Von den modernitätsskeptischen Pfarrern gehören 61% in diese Teilgruppe. (*Siehe Tabelle 29)*

ERGEBNIS 22: Neben der Arbeitsentlastung erwarten die modernen Pfarrer von einer Ausweitung der Zulassungsbedingungen eine Anreicherung des Priesteramts durch die Weihe von Frauen und von Menschen, die in einer Partnerschaft (mit Kindern) leben.

TABELLE 29: In der ehelosen Lebensform bleiben und partnerschaftlicher Erfahrungshintergrund für das Priesteramt

	sicher weiterhin ehelos leben	**wahrscheinlich weiterhin ehelos leben**	wahrscheinlich nicht weiterhin ehelos leben	sicher nicht weiterhin ehelos leben	Alle
die Erfahrung, in einer Partnerschaft zu leben	**29%**	**54%**	82%	81%	47%
die Erfahrung, auch eigene Kinder ins Leben zu begleiten	**22%**	**48%**	73%	70%	40%
Sexualität in einer veröffentlichten Beziehung zu leben	**15%**	**35%**	63%	78%	31%
in der Partnerschaft/Familie einen Ort zu haben, wo ich mich mit den Freuden und Sorgen des Berufsalltags aufgehoben weiß	**36%**	**65%**	85%	81%	55%
mich emotional in einer partnerschaftlichen Beziehung (mit)getragen zu wissen	**33%**	**58%**	88%	85%	52%
meinen Glauben mit einer Partnerin/meiner Familie zu teilen	**36%**	**55%**	76%	96%	51%
mit weiblichen Amtskolleginnen (Seelsorgerinnen/Priesterinnen) zusammen arbeiten zu können	**57%**	**67%**	83%	89%	66%
Summe der Prozentwerte	**228**	**382**	550	580	342

Aus Sorge um das eigene Lebensglück

Neue Formen des Priesteramts werden gewünscht, damit die Arbeitslast besser verteilt werden kann. Von ihnen wird zudem eine Anreicherung des Priesteramts erwartet, sei es durch die Lebenserfahrungen von Frauen oder aus einer Partnerschaft (mit Kindern). Schließlich aber spielt beim Wunsch nach neuen Formen des Amtes auch das persönliche Lebensglück eine Rolle. Die Studie zeigt deutlich, dass die Pfarrer mit der Ehelosigkeit recht unterschiedliche Erfahrungen gesammelt haben. Die einzelnen Aussagen zur Bewertung des eigenen ehelosen Lebensprojekts lassen sich in die Typen bündeln:

- Pfarrer (22%), welche in Krisen ein ständiges Auf und Ab durchlebten; keiner von ihnen war glücklich, das ehelose Leben fiel nicht leicht, ein Viertel war nahe daran aufzugeben. 70% aus dieser Gruppe sagen, sie hätten einen eigenständigen Weg gefunden.
- Andere haben ebenso viele Krisen erlebt, auch bei ihnen war es ein Auf und Ab. Noch mehr (85%) von ihnen haben einen eigenständigen Weg gefunden, den sie verantworten können. Auf diesem Weg sind sie glückliche Männer geworden. Etwas mehr als die Hälfte der Pfarrer leben so (52%).
- Dann gibt es die Krisenfreien (25%). Nach einem eigenständigen Weg mussten sie nicht suchen. Sie erleben sich eher als glücklich. (*Siehe Tabelle 30, Seite 100*)

Es liegt nahe, dass von den Pfarrern, die sich angesichts der Krisen unglücklich erleben, 77% heiratsbereit sind. Und selbst unter jenen, die sich krisenfrei fühlen, sind es auch noch 26%.
Können diese Erfahrungen der Kirchenleitung gleichgültig sein? Oder erwächst daraus doch ein Nachdenkbedarf? 1970 meinten Theologen, dies sei der Fall. Denn die Bischöfe müssten sehr wohl bedenken, welche faktischen Auswirkungen das „an sich gute“ kirchliche Gesetz habe

TABELLE 30: Typen an Erfahrungen mit der Ehelosigkeit

	ich war damit recht glücklich	ich habe Krisen durchlebt	das ehelose Leben fiel mir leicht	ich war schon nahe dran, aufzugeben	ich habe einen eigenständigen Weg gefunden, den ich verantworten kann	es geht mir wie vielen Verheirateten, die ich kenne – es war ein Auf und Ab	Zeile
unglücklich mit Krisen	0%	92%	5%	26%	70%	81%	22%
geglückt mit Krisen	100%	89%	50%	14%	85%	92%	52%
krisenfrei	66%	15%	44%	0%	28%	26%	25%
	69%	71%	38%	13%	67%	73%	

„Diese einfache, im ersten Augenblick abstrakt erscheinende, aber keineswegs nebensächliche Erwägung scheint nicht überall hinreichend angestellt zu werden. Wir haben diese Frage schon objektiv von Seiten der Erfüllung des kirchlichen Auftrags und des Amtes her in den Blick gefasst (Vorrangigkeit des pastoralen Heilsdienstes, Priestermangel, qualitative Anforderungen an den Priester usf.). Dieses Problem ist aber auch von der Realisierbarkeit des ehelosen Lebens des heutigen jungen Priesters her zu bedenken (vgl. z. B. die Frage der häuslichen Versorgung – „Haushälterin"; die zunehmende Vereinsamung und der Verlust echter „Anerkennung" bei vielen Priestern inmitten vieler Gemeinden; die Unsicherheit des Priesterbildes; die Entscheidungsschwäche und die psychische Labilität vieler junger Menschen, heute

auch derer, die Priester werden wollen; die großen Schwierigkeiten für den durchschnittlichen Menschen, in der heutigen sexuell überreizten Gesellschaft ein „gesundes" eheloses Leben führen zu können usw.). Die dadurch im ganzen stark veränderte Situation ist für sich noch kein durchschlagendes Argument das Zölibatsgesetz, verlangt aber eine sehr ernsthafte Überprüfung der Frage unter vielen Gesichtspunkten."[34]

TABELLE 31: Bewertung der Ehelosigkeit und Heiratsbereitschaft/Partnerschaftsbewertung

	heiratsbereit und hohe Wertschätzung einer Partnerschaft	bliebe ehelos und hohe Wertschätzung einer Partnerschaft	bliebe ehelos und wenig Wertschätzung einer Partnerschaft	Zeile
unglücklich mit Krisen	77%	18%	5%	22%
geglückt mit Krisen	47%	35%	18%	52%
krisenfrei	26%	29%	45%	25%
alle	48%	30%	22%	

„Ich habe einen eigenständigen Weg gefunden, den ich verantworten kann."

Diese Formulierung „Ich habe einen eigenständigen Weg gefunden, den ich verantworten kann" ruft nach einer Deutung. Zumal aus der Studie nicht erkennbar ist, was konkret mit diesem eigenständigen Weg gemeint ist. Für das Verständnis dieser Position, die immerhin 67% leben, ist der Teilsatz „die ich verantworten kann" aufschlussreich. Er deutet darauf hin, dass es einen verantworteten Weg gibt, der mit einer gewissen Wahrscheinlichkeit mit den disziplinären Vorgaben der Kirche nicht deckungsgleich ist. Nun sind konkrete Lebensgeschichten in modernen Kulturen (war das aber je anders?) nie mit dem Idealtyp gesellschaftlicher oder kirchlicher Vorgaben deckungsgleich. Dennoch weist dieses Ergebnis darauf hin, dass die kirchlichen Autoritäten bei zwei Drittel der Pfarrer die Gestaltungsmacht über die Lebensform selbst ihrer Priester (teilweise) verloren hat.

Diese eigenverantworteten Lebensformen als „verlogene" oder „vertuschte" Verhältnisse zu definieren, trifft nicht die Sache. Vielmehr scheint diese Suche nach selbstverantworteten Lösungen ein Teilmoment an beträchtlichem Dissens der Pfarrer mit der Kirchenleitung zu sein: Ein Dissens, der sich entweder im Reformwunsch äußert, oder wenn dieser zu lange ignoriert wird, sich eben auf eigenständige Suche macht. Hilft Dir die Kirchenleitung nicht weiter, so denken wohl diese Pfarrer, dann hilf Dir selbst. Das hat in ihrem Leben, so die Studie, ein Teil jener Pfarrer versucht, die viele Krisen erlitten haben: sie sind aber dabei offensichtlich nicht glücklich geworden. Unter den unglücklichen Krisengebeutelten haben sich 70% auf einen eigenständigen Weg gemacht. Unter jenen, die sich krisenfrei erleben, haben 28% einen eigenständigen Weg gesucht und gefunden.

Andere Pfarrer hingegen (es sind unter allen 52%) haben sichtlich auf diesem eigenverantwortlichen Weg ihr persönliches Glück gefunden. Jene Pfarrer, die trotz Krisen glücklich geworden sind, haben sich zu 85% „eigenverantwortlich" auf den Weg gemacht. Ob dieses „verantwortlich" dann auch heißt: verantwortlich für einen Partner, eine Partnerin, für Kinder, kann an Hand der Daten nicht beantwortet werden. Es gibt aber keinen ernsthaften Grund, diesen Aspekt des Verantwortens im Normalfall auszuschließen.

Könnte es sein, dass diese eigenverantwortlich suchenden Pfarrer das praktizieren, was der große Kardinal Döpfner den „vorauseilenden Gehorsam" genannt hat? Könnten sie damit auch gleichsam die Vorhut sein, welche heute schon lebt, worauf die kirchliche Gemeinschaft hinsteuert? Sind es jene, die ihren Reformwunsch nicht mehr verbal, sondern real äußern?

Pfarrer, die von der Kirchendisziplin abweichend leben, bekommen von der pfarrlichen Öffentlichkeit breite Unterstützung. Es sind zudem so viele, dass ein Bischof, selbst wenn er wollte, deshalb gebundene Hände hat: Würde er „durchgreifen", stürzte er die Seelsorge in der ihm anvertrauten Diözese in ein schwere Krise.

TABELLE 32: Bewertung des ehelosen Lebens – und wo jemand daheim ist

	bei einer befreundeten Person daheim	bei einer vertrauten Person daheim	bei einer Freundin daheim	bei einem Freund daheim
unglücklich mit Krisen	89%	74%	41%	50%
geglückt mit Krisen	94%	71%	30%	56%
krisenfrei	80%	39%	18%	26%
alle	89%	63%	29%	47%
ich habe einen eigenständigen Weg gefunden, den ich verantworten kann	92%	72%	34%	54%

ERGEBNIS 23: Der dritte Grund für die Ausweitung des Pools, aus dem die katholische Kirche ihre Priester nimmt, ist bei modernen Pfarrern ihr eigenes Interesse. Nicht wenige kommen mit der ehelosen Lebensform, die sie am Beginn ihres Amts gewählt haben, nicht zu Recht. Sie machen ein ständiges Auf und Ab durch (was typisch für alle modernen Lebensformen ist,) durchleben Krisen, suchen für sich jenseits der disziplinären Vorgaben einen eigenständigen Weg, den sie verantworten können (67%). So kommt es, dass so viele Ehelose trotz Krisen sagen können, dass sie mit ihrer Lebensweise glücklich sind (52%).

Zukunft der sonntäglichen Eucharistiefeier

Vielleicht tun das die meisten Bischöfe auch deshalb nicht, weil ihnen klar ist, dass es neben dem Gut der Ehelosigkeit der Pfarrer noch höhere Güter in der Kirche gibt: wie pastorale Handlungsfähigkeit und vor allem die Feier der sonntäglichen Eucharistie in gläubigen Gemeinden. Die Logik lautet also nicht: hier der aufzuhebende Zölibat, dort die zu sichernde Eucharistie; vielmehr hier das hohe Gut des Zölibats, dort das noch höhere Gut der Feier der Eucharistie, welche unentwegt die Kirche aufbaut und von innen her lebendig erhält.
47% der befragten Pfarrer sind der Ansicht: *„Wo etwa siebzig entschieden gläubige Personen eine Gemeinschaft bilden, sollen sie auch jeden Sonntag Eucharistie feiern können.“* Diese Pfarrer können sich dabei uneingeschränkt auf die beiden letzten großen Päpste berufen:

„Das Zweite Vatikanische Konzil hat daran erinnert, dass die Feier der Eucharistie im Zentrum des Wachstumsprozesses der Kirche steht. Nach der Aussage: »Die Kirche, das heißt das im Mysterium schon gegenwärtige Reich Christi, wächst durch die Kraft Gottes sichtbar in der Welt«, fügt das Konzil hinzu, als ob es auf die Frage »Wie wächst sie?« antworten wollte: »Sooft das Kreuzesopfer, in dem Christus, unser Osterlamm, dahingegeben wurde (vgl. 1 Kor 5,7), auf dem Altar gefeiert wird, vollzieht sich das Werk unserer Erlösung. Zugleich wird durch das Sakrament des eucharistischen Brotes die Einheit der Gläubigen, die einen Leib in Christus bilden, dargestellt und verwirklicht (vgl. 1 Kor 10,17).“[35]

„Diese erste grundlegende Verwandlung [im Tod Jesu am Kreuz hinein in die Auferstehung] von Gewalt in Liebe, von Tod in Leben zieht dann die weiteren Verwandlungen nach sich. Brot und Wein werden sein Leib und sein Blut.
Aber an dieser Stelle darf die Verwandlung nicht Halt machen, hier muss sie erst vollends beginnen. Leib und Blut Jesu Christi werden

uns gegeben, damit wir verwandelt werden. Wir selber sollen Leib Christi werden, blutsverwandt mit ihm. Wir essen alle das eine Brot. Das aber heißt: Wir werden untereinander eins gemacht...

Er ist in uns selbst und wir in ihm. Seine Dynamik durchdringt uns und will von uns auf die anderen und auf die Welt im Ganzen übergreifen, dass seine Liebe wirklich das beherrschende Maß der Welt werde.“[36]

Wie sehr auch inzwischen Bischöfe über das Verschwinden der Eucharistiefeier aus der Mitte des katholischen Kirchenlebens besorgt sind, kommt im folgenden Interview des Bischofs Erwin Kräutler zum Ausdruck. Er ist Missionsbischof in einer der größten Diözesen Brasiliens.

VN[37]*: In Vorarlberg sind 35 Pfarrgemeinden ohne Priester. In Ihrer Diözese teilen sich 840 Basisgemeinden 30 Priester und einen Bischof. Wie geht das?*

BISCHOF KRÄUTLER: Die Eucharistiefeier ist das Zentrum unseres Glaubens. Wir glauben an die Präsenz Jesu in Brot und Wein. Das feiern wir. Leider Gottes passiert das bei diesen 840 Gemeinden zwei oder drei Mal im Jahr. Das ist für mich vielleicht das Frustrierendste in meinem Bischofsamt. Vor etwa zwei Jahren war ich in einer Buschgemeinde. Die hatten dort eine Kirche gebaut und baten mich, sie einzuweihen. Ich geh also hin, betrete die Kirche und frag verdutzt: Wo steht der Altar? Sie hatten keinen. „Brauchen wir nicht“, sagten sie. „Wenn ein Priester kommt, holen wir einen Tisch aus dem Nachbarhaus.“ Da läuteten bei mir die Alarmglocken. Das habe ich vor Wochen dem Papst persönlich erzählt. Wenn wir das Zentrum unseres Glaubens nicht mehr feiern können, müssen wir uns etwas einfallen lassen.

VN: Und was muss man sich einfallen lassen?

BISCHOF KRÄUTLER: So geht es jedenfalls nicht weiter. In Vorarlberg geht es auch nicht so weiter. Das kann man an fünf Fingern ablesen. Mit dem Import von ausländischen Priestern lösen wir das Problem nicht. Da muss die Kirche einfach den Mut haben, einen Schritt weiter zu gehen. Als Bischöfe müssen wir das mit dem Papst andiskutieren.

VN: Priesterweihe von Frauen und verheirateten Männern…

BISCHOF KRÄUTLER:… ist theologisch kein Problem.

VN: Der Zölibat?

BISCHOF KRÄUTLER: Der Zölibat ist für mich nicht das zwingende Problem. Ich würde sogar sagen: Ich bin für den Zölibat. Aber er soll gewählt werden. Der verpflichtende Zölibat, der ist schwierig.

VN: Was hat der Papst gesagt?

BISCHOF KRÄUTLER: Nichts. Er hat uns, der brasilianischen Bischofskonferenz von Amazonien, am Vorabend eine wunderbare Ansprache über die Eucharistie gehalten. Ich hab ihm am nächsten Tag dann unsere Situation geschildert. Ich hab auch gar keine Antwort erwartet. Aber vielleicht war das doch ein weiterer Moment, wo selbst der Papst sagen muss: Wir müssen uns was überlegen.

VN: Wie viele Ihrer 850 Basisgemeinden leiten Frauen?

BISCHOF KRÄUTLER: Zwei Drittel.

VN: Die machen einen guten Job?

BISCHOF KRÄUTLER: Sicher, klar. Frauen nicht zu weihen ist nur ein Gesetz, an dem man in der Kirche seit Jahrhunderten festgehalten hat. Das kann der Papst von heute auf morgen abschaffen.

Modernität und Polarisierung

Die Auseinandersetzung mit der modernen Kultur polarisiert die Kirche und ihre Pfarrerschaft. Es gibt also nicht *die* Pfarrer als einheitliche Gruppe. Vielmehr haben sie in wichtigen Fragen oft gegensätzliche Ansichten und kirchenpolitische Optionen hinsichtlich Beruf und Privatleben.

In ihrer Grundhaltung zur Moderne können sich beide Pole auf biblische Texte berufen.

So können sich die einen, welche die Ursache der Krise der katholischen Kirche in der Öffnung zur Welt diagnostizieren, wissentlich oder unwissentlich am Propheten Nehemia orientieren:

„Jetzt aber sagte ich zu ihnen: Ihr seht selbst, in welchem Elend wir leben: Jerusalem liegt in Trümmern und seine Tore sind abgebrannt. Gehen wir daran und bauen wir die Mauern Jerusalems wieder auf! So machen wir unserer Schande ein Ende." (Neh 2,17)

Andere halten diesem pessimistischen Prophetentext hoffend einen wunderbaren Text des gar nicht so kleinen Propheten Sacharja entgegen. Dieser ist ein glaubensstarkes Angebot an die „Kirchenmaurer". Es ermutigt sie, zur modernen Welt offen hin zu bleiben und sich dabei zum Schutz vor natürlich vorhandenen modernen „Viren" auf den göttlichen „Firewall" zu verlassen:

„Danach blickte ich hin und sah: Da war ein Mann mit einer Messschnur in der Hand. Ich fragte: Wohin gehst du? Er antwortete mir: Ich gehe, um Jerusalem auszumessen und zu sehen, wie breit und wie lang es sein wird. Da trat der Engel, der mit mir redete, vor und ein anderer Engel kam ihm entgegen und sagte zu ihm: Lauf und sag dem jungen Mann dort: Jerusalem wird eine offene Stadt sein wegen der vielen Menschen und Tiere, die darin wohnen. Ich selbst – Spruch des Herrn – werde für die Stadt ringsum eine Mauer von Feuer sein und in ihrem Innern ihr Ruhm und ihre Ehre." (Sach 2,5-9)

So stehen heute angesichts der modernen Welt und den Erfahrungen nach dem Zweiten Vatikanischen Konzil zwei Lager einander gegenüber, die auch mit gegenseitigen Belagerungen nicht immer sparen.

- Hier sind die Kirchenmaurer (37%[38]). Sie wollen, dass die Kirche wieder eine fest Burg mit hohen Mauern und verschlossenen Fenstern wird. Auch sie meinen, dass sie damit „der Schande" der Reformen, der Öffnung, des Konzils ein Ende bereiten.
- Die Mehrzahl hingegen bleibt auf dem konziliaren Kurs der Öffnung und möchte, dass dieser Weg entschlossener gegangen wird (63%.) Ihnen reicht für ihre Arbeit als Schutz der „göttliche Firewall". Mauern brauchen sie keine aufzurichten. Viele tun dies auch deshalb, weil sie sich selbst als Zeitgenossen fühlen. Sie übersehen dabei nicht die Schwächen der modernen Kultur, sehen aber auch deren Vorzüge. Wie das Konzil geraten hat, lesen sie die Zeichen der Zeit. Und das heißt für sie Wertschätzung von Beteiligung auf allen Ebenen kirchlichen Lebens, kein „Reinheitswahn" (weder dogmatisch noch moralisch), und vor allem eine Kirche, die Gott ganz abbildet: mannweiblich eben und nicht nur wie bisher männlich. Viele der Pfarrer leben mit den pfarrlichen Gemeinschaften schon eine solche weltoffene „Kirche".

Aber haben weltoffene und daher reformfreudige Pfarrer längerfristig wirklich eine Chance, sich durchzusetzen, das Leben der Kirche nachhaltig durch vorauseilende mutige Praxis voranzubringen, Reformen nicht nur zu fordern, sondern faktisch zu leben? Hier gilt es abschließend, einen Blick auf die jüngeren Befragten zu werfen. Denn der Verdacht ist groß, dass die konziliare Generation am Abtreten ist, und eine andere nachkommt. Was sagen die Daten dazu?

Die jungen Pfarrer

Überfordert aufgrund der Vielfalt der Tätigkeiten - Kluft zwischen kirchlicher Lehre und Glaubensverkündigung - ein Teil der Priester noch nicht reif genug für das Amt - menschliche spirituelle Unreife von jungen Priestern - heute kommen jene Typen ins Priesteramt, die zu meiner Zeit abgelehnt wurden - Aufnahme reduziert auf Zölibat und Gehorsam.

Manche, die in der Kirchenleitung weitermachen wollen wie bisher, könnten durch die Studie für ihren modernitätsskeptischen Kirchenkurs Unterstützung erhalten. Denn die jüngeren Priester fangen an, wie sie zu denken. Damit könnte sich die Dissonanz zwischen der heutigen Kirchenleitung und den (jüngeren) Priestern nach und nach merklich verringern. Das könnte die Verantwortlichen ermutigen, trotz erhöhter Nachdenklichkeit wegen der Missbrauchsdebatte, dem Drängen der reformfreudigen Pfarrer nicht nachzugeben und die Krise auszusitzen.

Je jünger, desto modernitätsskeptischer

Die einschlägigen Daten zu dieser Vermutung zeigen sich folgendermaßen: Je jünger ein befragter Pfarrer ist, desto größer ist seine Skepsis und Distanz zur modernen Kultur und zu Modernisierungsvorschlägen anderer Pfarrer.

TABELLE 33: Alter und Modernität

Lebensalter	Die Kirche soll sich der modernen Welt mehr öffnen
bis 39	22%
40 bis 49	27%
50 bis 59	39%
60 bis 69	41%
70 und mehr	42%

Weihealter	
bis 25	40%
26 bis 30	37%
31 bis 35	31%
36 und mehr	22%

Dieser Zusammenhang mit dem Lebensalter gilt aber nicht beim Weihealter. Denn hier ist der Zusammenhang gerade umgekehrt. Wer von allen befragten Pfarrern (also den alten wie den jungen zusammen) nach der Matura/dem Abitur ins Priesterseminar oder in einen Orden eintritt, ist deutlich weltoffener als jene, die als „Spätberufene" kommen. Diese tragen die Merkmale von „Konvertiten" an sich.

Es sind aber derzeit immer mehr Spätberufene, die ins Seminar eintreten. Sie können schon auf eine längere Karriere in der modernen Welt zurückschauen. Wir wissen nicht, welche Erfahrungen sie dabei in Arbeit und Liebe gemacht haben. Es kann aber vermutet werden, dass ihre Modernitätsskepsis auf diesen „Welterfahrungen" basiert.

Die Neigung bei den jüngeren Pfarrern, sich von der Welt abzugrenzen, wird auch am „Modernitätssymbol" Priesterkleidung ersichtlich: bei den Jüngeren geht die Entwicklung zu einem solchen symbolischen Abgrenzen. Während bei den 60-69jährigen Pfarrern (sie bilden die harte Konzilsgeneration) die Krawatte (oder auch diese nicht) überwiegt, tragen die jüngeren mehrheitlich das Kollar.

TABELLE 34: Alter und Priesterkleidung

Lebensalter	Sollte Ihrer Meinung nach der Priester in der Öffentlichkeit deutlich an der Kleidung erkennbar sein?
bis 39	65%
40 bis 49	48%
50 bis 59	44%
60 bis 69	30%
70 und mehr	41%

Weihealter	
bis 25	37%
26 bis 30	40%
31 bis 35	50%
36 und mehr	59%

ERGEBNIS 24: Je jünger ein Pfarrer, desto modernitätsskeptischer ist er. Beim Weihealter ist der Zusammenhang umgekehrt: Je jünger jemand bei der Weihe ist, umso weltoffener ist er.

Sind die Jüngeren angepasster?

Jüngere Pfarrer erweisen sich auch als weniger dissonant mit der Kirchenleitung. Insofern die Kirchenleitung von den Pfarrern mehrheitlich als modernitätsskeptisch wahrgenommen wird (und dies unabhängig von der Frage, ob der konkrete Bischof sich auch so versteht), tun sich modernitätsskeptische junge Priester mit dieser Kirchenleitung sichtlich leichter.
Wir wissen wenig über die Persönlichkeitsmerkmale der Pfarrer. Daher ist auch schwer zu deuten, was Gehorsam bei den älteren und was er bei jüngeren Priestern bedeutet. Ist es ein Ausdruck zugespitzter gläubiger Freiheit (was biblischer Gehorsam meint), oder eher profane Unterwerfungsbereitschaft, wie sie bei autoritären Persönlichkeiten (Theodor W. Adorno) anzutreffen ist?

TABELLE 35: Die jungen Pfarrer sind modernitätsskeptischer als die älteren

	Ich denke in vielen wichtigen Fragen anders als die Kirchenleitung	Die Beschlüsse des Zweiten Vatikanischen Konzils sollen entschlossener durchgeführt werden	Die katholische Kirche soll Frauen zu Priesterinnen weihen	Priester sollen heiraten und im Dienst bleiben können
bis 39	26%	39%	9%	27%
40 bis 49	30%	63%	21%	32%
50 bis 59	48%	69%	37%	50%
60 bis 69	52%	77%	41%	56%
70 und mehr	39%	75%	38%	55%
alle	42%	70%	33%	48%

Die Skepsis der jungen Pfarrer gegenüber der modernen Welt setzt sich dann in allen weiteren Belangen fort, die mit Modernität zusammenhängen: Deutlich weniger stehen sie hinter den Konzilsreformen. Sie befürworten deutlich weniger die Ordination von Frauen. Auch einem möglichen Heiraten der Priester können sie weniger abgewinnen als die lebenserfahrenen Älteren.

ERGEBNIS 25: Die jüngeren Pfarrer sind gegenüber allen modernisierenden Veränderungen reservierter als die älteren. Am liebsten wäre es ihnen, es bliebe alles beim Alten oder es würde die Kirche – nach den in ihren Augen missglückten Konzilsreformen – wieder zum Alten zurückkehren.

Wohin geht die katholische Kirche in den nächsten Jahren?

Ist also die Kirche neuerlich auf einem antimodernen Kurs? Steht die Kirchenleitung, die römische wie die österreichische, aus der Sicht der jüngeren Pfarrer für einen solchen Kurs? Wird ein solcher eben nicht von der jüngeren Pfarrern mitgetragen? Werden sie von der Kirchenleitung und den von diesen beauftragten Ausbildnern dazu ermutigt?

Es war in den letzten Jahren wiederholt zu hören, dass das Zweite Vatikanische Konzil die Krise der Kirche nicht gemeistert, sondern lediglich verschärft habe. Ist also, gemessen an den jüngeren Pfarrern, die Kirche auf einem Erholungskurs von der Krise des Konzils? Wohin geht dann aber die Kirche in der modernen Welt?

Nun ist erstens nicht zu übersehen, dass das gläubige Volk, etwa die Pfarrgemeinderäte[39], keineswegs für eine Verschließung der Kirche gegenüber der modernen Welt steht. Die Grundhaltung der meisten PGR-RätInnen steht für Beteiligung, für eine strukturelle Berücksichtigung der Frauen im Leben der Kirchen, einschließlich ihrer Ämter. Sie plädieren zur Überwindung des Priestermangels, wie die befragten Pfarrer, mehrheitlich für Ausweitung des Pools und für eine qualitative Anreicherung des Amtes. Wird es in der Folge zu wachsenden Konflikten zwischen den Kirchengemeinde(räte)n und den jüngeren Pfarrern kommen?

Die Entwicklung wäre auch pastoral in hohem Maße bedenklich. Die Neigung der jüngeren Pfarrer zur Modernitätsskepsis kann ja auch so gedeutet werden: Es bewerben sich um das Amt in seiner heutigen Gestalt nur noch Männer, für welche die moderne Kultur nicht Einladung zu intensivem Leben, sondern Gefahr für ihre

gläubige und moralische Integrität darstellt. Diese jüngeren Pfarrer zeigen ebenfalls keine hohe Wertschätzung für die Beteiligung der Leute. Sie selbst werden daher das Leben in den Pfarrgemeinden autoritativ/autoritär-klerikal bestimmen.
Die Folgen einer solchen Entwicklung sind absehbar. Der Weg, den die jungen Pfarrer in die Weltabschottung gehen, wird sich nach und nach auch dadurch in den Pfarren nachereignen, weil die weltoffenen Pfarrmitglieder nach kurzzeitigem Widerstand nach innen oder nach draußen emigrieren. Was dann übrig bleibt, ist eine geschrumpfte Kirche. Sie wird in sich abgeschlossen sein, mit geringen inneren Spannungen, einer traditionellen Frömmigkeit, auf die sakramentalen Feiern zentriert, mit wenig diakonaler Außenpräsenz bei den Armen und in der Welt von heute.[40] Kirche wird zu einer Art antimoderner Oase inmitten einer modernen Welt, ein Zufluchtsort für Weltflüchter. Der Versuch des Zweiten Vatikanischen Konzils, in der modernen Welt „zur Welt zu kommen", um in ohnmächtiger Präsenz die Entwicklung der Menschheit und der Kulturen durch selbstverständliche Anwesenheit zu gestalten, wäre beendet, ja geradezu gescheitert. Es wäre die Kirche der Piusbrüder, mit sektoider Enge statt mit katholischer Weite.
Diese Position hätte dann die Kirche aber nicht erreicht, weil sie glaubt und weil sie mutig ihren Dienst in der Welt von heute angenommen hat. Die auf eine „kleine Herde" geschrumpfte Kirche wäre dann nicht durch stärkere Glaubenskraft qualifiziert, sondern primär durch ihre Modernitätsskepsis. Der vielfach beschworene missionarische Dialog dieser Weltabgewandten wäre von Haus aus auf jene Personen eingeschränkt, die ihrerseits modernitätsskeptisch sind. Mission würde zum unaufgeregten Selbstgespräch mit Schonbekehrten und weltskeptischen Gleichgesinnten. Trotz aller redlichen Bemühungen wäre sie nicht in der Lage, das Evangelium wirksam in moderne Bevölkerungskreise (und hier wieder in die kommende Generation) einzupflanzen. Und nicht wenige ganz treue moderne ZeitgenossInnen würden unerträglich an ihrer Kirche leiden:

„Die Ohnmacht wird immer größer. Menschen die in der katholischen Kirche fest verwurzelt sind leiden, eine Trennung kommt nicht in Frage, jedoch das Bewusstsein ändert sich und es wird immer klarer, dass ich die Amtskirche nicht brauche, um Gott zu lieben und seine Liebesgebote zu halten und zu leben. Man stelle sich die inneren Prozesse im Menschen vor: hier leben in einer Demokratie mit allen Rechten und Pflichten, dort (weit weg) die Amtskirche mit antimodernistischen Strukturen, die die katholische Kirche weiter zugrunde richten werden. Jedoch, es ist auch meine Kirche, nur: ich muss zuschauen ohne etwas tun zu können, außer dass ich beten kann um Freiheit, Gleichheit und Geschwisterlichkeit.
Die Verlogenheit weiter Teile des kirchlichen Systems ist unerträglich und schadet vielen Priestern die sich nichts zuschulden kommen ließen, vielleicht sind es 50% aller Priester?
Ich meine, ein wirklich neues Priestertum kann nur männlich sowie weiblich sein."
(Ursula Paul, Eppertshausen)

Wie sehr eine Kirche, die das Evangelium gerade in die moderne Welt zu deren Entwicklung und Heilung tragen will, weltoffene Pfarrer(innen) braucht, belegt der enge Zusammenhang zwischen Weltoffenheit und der Frage, ob diese moderne Welt für das Evangelium gute Chancen enthalte: Je mehr ein befragter Pfarrer mehr Öffnung zur modernen Welt wünscht, desto mehr Chancen sieht er in dieser Welt für den christlichen Glauben:
(Siehe Tabelle 36)

Vielleicht braucht die Kirche gerade dann und auch deshalb, wenn sie einen Auszug aus der Welt nicht will, eine Reform der Zulassungsbedingungen zum kirchlichen Amt. Nachweislich sind verheiratete LaientheologInnen im Durchschnitt erheblich weltoffener als der Durchschnitt der derzeitigen und noch mehr der nachkommenden Pfarrer. Zudem schreitet in den deutschsprachigen Ländern die Modernisierung der Frauenrolle weitaus schneller voran als jene der Männerrolle.[41] Die Kirche müsste mit

TABELLE 36: Weltoffene sehen mehr Chancen für den christlichen Glauben in der modernen Welt als Weltskeptiker

Die Kirche soll sich der modernen Welt mehr öffnen.	Die moderne Lebenskultur bietet für den christlichen Glauben eine gute Chance.
1 völlig richtig	62%
2	53%
3	47%
4	33%
5 diese Aussage lehne ich gänzlich ab	13%

allen Kräften kirchenpolitisch sicher stellen, dass sie für ihre Ämter auch moderne Männer und Frauen gewinnt. Dann hätten die modernen ZeitgenossInnen im kirchlichen Amt Personen, mit denen sie sich ohne Verrenkungen identifizieren können. Fehlen diese, dann droht ihr der weitere Auszug gerade der modernen Bevölkerungskreise[42] und damit der Marsch ins antimoderne Ghetto. Mag sich also disziplinär so mancher über das Schwinden der Dissonanz zwischen Kirchenleitung und jungen Pfarrern freuen: Pastoraltheologisch ist diese Entwicklung alles andere als ein Grund zur Freude, sondern zu schwerwiegender Besorgnis.
Von hier aus gewinnt der Schlusssatz des Memorandums wichtiger deutschsprachiger Theologen vom 9. Februar 1970 aktuelle Bedeutung:

„Wir haben den deutschen Bischöfen keine Vorschriften zu machen. Wir haben aber das Recht und die Pflicht, in dieser notvollen Situation den Mitgliedern der Deutschen Bischofskonferenz auf Grund unseres Amtes als Theologen und unseres Auftrags als Konsultoren in aller Ehrfurcht vor ihrem hohen und verantwortungsvollen Amt zu sagen, dass sie in der Zölibatsfrage eine neue Initiative ergreifen müssen und weder durch die bisherige Praxis der Kirche noch durch die Erklärungen des Papstes allein sich davon dispensiert halten dürfen.“[43]

ERGEBNIS 26: Könnte es sein, dass sich mit dem Erstarken der Skepsis gegenüber der modernen Welt bei den jüngeren Pfarrern abzeichnet, dass sich die katholische Kirche als Ganze auf diesem weltabgewandten Weg befindet? Das würde nicht von Haus aus mehr Glaubenskraft bringen, sondern eher eine noch stärkere Einigelung der Kirche in einem geschrumpften antimodernen Milieu. Die Kirche und nicht zuletzt auch ihre Leitung muss sich darüber Klarheit schaffen, ob sie diesen Weg gehen will. Aber verrieten sie auf einem solchen Weg nicht den Auftrag Jesu, der ja lautet: „Geht hinaus in alle Welt" und nicht: „Schließt euch eng in einem weltfremden Milieu zusammen!"

Eine bunte Pfarrerschaft – Resümee

Pfarrer sind, so lässt sich resümieren, eine überaus bunte Gruppe. Wie die ganze Kirche erleben sie einen enormen Modernisierungs- und in dessen Kielwasser einen Umbaustress.

Der Pfarrerberuf

Pfarrer spüren in ihrer alltäglichen Arbeit, wie sich Glaube und Kirche im Land verändern; dabei fällt es ihnen nicht leicht, die Verursacher der Krise eindeutig zu benennen: Ist es die säkulare Welt, die sich vom Christentum entfernt und in der es immer schwerer wird – trotz hohen vermuteten Ansehens –, als Pfarrer zu arbeiten? Oder ist es die Kirche, die beharrlich auf das Alte setzt und dem Neuen, damit auch den modernen Lebensbedingungen misstraut? Die große Mehrheit der Pfarrer schlägt sich in dieser Hinsicht auf die Seite der modernen Welt.

Damit geht einher, dass sie das, wofür sie sich einsetzen, gerade auch unter modernen Lebensbedingungen für möglich halten: Den Zeitgenossen mit dem Evangelium in der Hand und im Herzen, in deren gar nicht so einfachem Leben zur Seite zu stehen, an den Übergängen des Lebens mit ihnen zu feiern, ihre Sorgen mitzutragen und sie zu gewinnen, sich am Leben, Arbeiten und Feiern der Gemeinde zu beteiligen. Einige Pfarrer wenigstens sind noch unverbesserliche Optimisten und stehen dafür, dass das Evangelium nicht ausgedient hat. Wie lange noch?

Ihre Nähe zum alltäglichen Leben, Lieben und Leiden der Menschen entfernt sie aber von der eigenen Kirchenleitung. In wichtigen Fragen spüren sie starke Dissonanzen.

Stark zu schaffen macht ihnen der Priestermangel. Denn diesen müssen letztlich sie „ausbaden“. Auf den Schultern von immer weniger Priestern sammeln sich immer mehr pastorale Aufgaben. Vor allem merken sie, dass das, was ihnen am Herzen liegt und wofür sie angetreten sind, immer weniger ihren Beruf bestimmt: Eben Seelsorger zu sein, mit den Leuten das Leben zu feiern, ihnen durch ihr Tun ein wenig die Liebe Christi als des guten Hirten erfahrbar zu machen. Sie spüren, wie ihre Rolle sich verändert, ohne dass sie darauf merklichen Einfluss nehmen können. Und es ist keine gewinnbringende Veränderung, sondern eine Verlusterfahrung, die sie stark demotiviert. Die an die administrative Bewältigung des Priestermangels geknüpfte Veränderung ihrer Pfarrerrolle erleiden sie: denn es macht sie aus Seelsorgern zu Managern, aus Geistlichen zu „Ungeistlichen" – zumindest jene, die nicht „geistlich leiten" können, sondern Leiten als rein weltliche, weitgehend unspirituelle Kompetenz (miss)verstehen.

Das ist sehr unterschiedlich. Manchen geht es recht gut, die aufgehen in ihrer Arbeit, die durch Gebet in Kontakt sind mit Christus, mit Gott und von dort her kommt uns die Kraft zu, alles zu tun, was möglich ist. Von dem hängt sehr viel ab, nämlich die Arbeit kann einen dazu verleiten, viele pastorale Arbeiten, das Gebet zu vernachlässigen.

Ich glaube, dass die Ausbildung nicht mit der aktuellen pastoralen Situation übereinstimmt. Wir wurden ausgebildet zu Sakramentenspendern und finden uns wieder in Leitungsaufgaben, für die wir nicht qualifiziert worden sind – wir wurden angeleitet zu einer persönlichen Spiritualität, aber nicht für deren Weitergabe – sie haben auch nicht Zeitmanagement und Führungsmanagement oder auch strategisches Denken und Planen gelernt.

Weil sie überfordert sind – weil sie z. B. Manager sein müssen, also Dinge machen müssen, für die sie nicht ausgebildet sind – weil sie nicht ausgebildet sind, pastorale Großräume zu leiten – weil sie sich in manchen Situation schwer zurechtfinden – weil ihre Arbeit kritischer beurteilt wird als früher – weil die Kirche in den Medien schlechter wegkommt als früher.

Dabei sind die Pfarrer gar nicht grundsätzlich gegen die Ansiedlung wichtiger pastoraler Aufgaben in größeren Räumen (wie Jugendarbeit, Bildungswerk, Caritas, milieusensible Projekte). Sie insistieren aber, dass der durch nichts ersetzbare Urort des christlichen Glaubens die lokale Kirche am Ort, die Pfarre ist. Pfarrer plädieren für die Pfarre und stehen großen pastoralen Räumen

sehr skeptisch gegenüber, solange nicht ersichtlich ist, dass sie die Qualität der Seelsorge nachhaltig verbessern, sondern nur den Priestermangel bemänteln.
Es verwundert auf diesem Hintergrund nicht, dass daher die Pfarrer alle Möglichkeiten wohlwollend erwägen, die den Mangel an Priestern überwinden könnten. Der Pool, aus dem die Kirche ihre Priester nimmt, soll in jeder Richtung ausgeweitet werden: in Richtung Frauen, in Richtung Ehe – nicht zuletzt auch in Richtung einer neuen Art von Priestern, die aus den gläubigen Gemeinden selbst kommen, eine eigene Ausbildung erhalten und nebenberuflich (mit oder ohne Ehe) in einem Team in einer örtlichen Gemeinschaft arbeiten.

Das Pfarrerleben

Modernisierung macht vor der Gestaltung des privaten Lebens der Pfarrer nicht Halt. Angestoßen von der Tatsache, dass ihr Pfarreramt mit der ehelosen Lebensform verbunden ist, ringen die Weltpriester unter ihnen als „Ehelose" um eine persönlich verantwortbare Gestaltung dieser disziplinären Vor-Gabe. Das Ergebnis dieser Individualisierung, also dieses persönlichen Suchens und Ringens, das typisch für moderne Kulturen ist, zeitigt keinesfalls immer ein unglückliches Leben. Stimmigkeit des Lebens wird gesucht, nicht Übereinstimmung mit dem Gesetz. Dass der Weg zu einem dergestalt geglückten Leben über Krisen führt und ein ständiges Auf und Ab kennt (das die befragten Pfarrer in ihrer Seelsorge ja auch bei Verheirateten als geradezu normal wahrnehmen), ist ein Moment moderner Lebensgestalt.

Spannungen, die sich aus einer solchen individualisierten Lebensgestaltung zur dienstgebenden Kirchenleitung hin ergeben, sind ein Teil jener tiefen Spannungen, die es auch in anderen wichtigen Fragen zwischen der Kirchenleitung und ihren „leitenden Angestellten" gibt. Dazu kommt, dass das Kirchenvolk die individuell gewählten Wege ihrer Pfarrer nicht nur akzeptiert, sondern als ein Vorgriff auf die ihrer Ansicht nach unausweichlich kommende Kirchenentwicklung (sprich: Veränderung der Zulassungsbedingungen zum Priesteramt) ansieht. Nicht wenige sehen daher die schärfste Zuspitzung des Problems der Kirche darin, dass in nicht unwichtigen Bereichen die Kirchenleitung von der laufenden Entwicklung „hilflos und visionslos" (nur 24% der Befragten erleben die Kirchenleitung nicht so!) abgeschnitten erscheint. Das gilt nicht nur für die den Pfarrern zugedachte Lebensform, sondern auch für andere pastorale Themen (wie Beteiligungs- und Machtformen, Sexualmoral, Scheidung und Wiederverheiratung).

Weil die Kirchenleitung in Rom die wirklichen Probleme vor Ort zu wenig ernst nimmt und weil es für mich nicht möglich ist, mich als Priester mit wichtigen Aussagen der Kirche zu identifizieren - weil die notwendigen Reformen nicht durchgeführt werden - und weil keine wirklichen Visionen da sind für eine Neustrukturierung.

Wünscht sich mehr Mut von Seiten der Kirchenleitung - Wünsche zum Thema der Zulassungsbedingungen zur Weihe - wie Gemeindeleitung wahrgenommen werden kann - gut wäre, wenn die Kirchenleitung mehr wahrnehmen würde, wie es einem als Pfarrer oder Priester oder als Seelsorger geht.

Ein Großteil der befragten Ehelosen würde selbst dann, wenn sie das Amt behalten könnten, nicht heiraten: 47% sicher nicht, 31% wahrscheinlich nicht. Der Anteil der (eher) Heiratswilligen liegt bei 19%. Das bedeutet, dass die Pfarrer mit dem Zölibat und der von ihnen individuell verantwortlich entwickelten Lebenskultur ganz gut zurechtkommen – wobei die dunkle und bedrängende Frage offen bleiben muss, wie eventuelle Partner/Partnerinnen und Kinder aus solchen Verbindungen damit leben (können).
Naturgemäß unterscheiden sich bei dieser Frage Ordens- und Weltpriester. Denn die Ehelosigkeit ist für Ordenspriester Ergebnis der freien Wahl eines evangelischen Rates, für die Weltpriester hingegen disziplinäres Gesetz. Allerdings sind sich nur 68% der Ordensleute ihrer Lebensform ganz sicher; unter den Weltpriestern sind es vergleichsweise 40%. (*Siehe Tabelle 37)*

Die Studie erweitert die Diskussion um die Lebensform der katholischen Priester in entscheidender Hinsicht. Läuft diese bisher unter dem Motto „Abschaffung des Pflichtzölibats“, kann sie künftig nur noch unter dem Sprachdach „Anreicherung des Priesteramts“ geführt werden: durch Personen mit einer nicht akademischen Ausbildung, durch Personen mit weiblicher Lebenserfahrung sowie mit Partnerschaftserfahrung.

TABELLE 37: Potentieller Heiratswunsch bei Welt- und Ordenspriestern

	sicher weiterhin ehelos leben	wahr-scheinlich weiterhin ehelos leben	wahr-scheinlich nicht weiterhin ehelos leben	sicher nicht weiterhin ehelos leben	Zeile – Gesamt
Welt-priester	40%	37%	15%	7%	72%
Ordens-priester	68%	24%	8%	1%	28%
alle	48%	33%	13%	6%	

In diese Richtung argumentierte bereits 1970 ein Memorandum[44] der Mitglieder der von den Deutschen Bischöfen eingesetzten Theologenkommission, darunter auch Joseph Ratzinger[45]. Sie betonten auf der einen Seite den unersetzbaren Wert der freigewählten Ehelosigkeit für die katholische Kirche in ihrer auf die himmlische Vollendung verweisenden Kraft:

„Wir sind davon überzeugt, dass die freigewählte Ehelosigkeit im Sinne von Mt 19 nicht nur eine sinnvolle Möglichkeit christlicher Existenz darstellt, die für die Kirche als Zeichen ihres eschatologischen Charakters zu jeder Zeit unabdingbar ist, sondern dass es auch gute theologische Gründe für die Verbindung von freigewählter Ehelosigkeit und priesterlichem Amt gibt, weil dieses Amt seinen Träger eben endgültig und umfassend in den Dienst Christi und seiner Kirche nimmt … Und in diesem Sinne sind wir auch davon überzeugt, dass unbeschadet des Ausgangs der Diskussion das ehelose Priestertum eine wesentliche Form des Priestertums in der lateinischen Kirche bleiben wird.“[46]

Auf der anderen Seite wird die Frage gestellt, ob es nicht weitere Lebensformen geben kann, auf denen das katholische Priesteramt aufruht:

„Die Fragerichtung der hier gemeinten Überprüfung geht folglich nur dahin, die bisherige Weise, in der die priesterliche Existenz realisiert wird, in der lateinischen Kirche die einzige Lebensform sein könne und bleiben müsse. Die öfter vorgetragenen Einwände gegen eine solche Überprüfung sind bekannt: Es könne konkret nur eine Form des priesterlichen Lebens geben; im Falle der Zulassung anderer Lebensformen sei zu erwarten, dass der ehelose Priester aussterben würde. Wir verkennen diese Gründe nicht. Wer aber vornherein deswegen eine solche Klärung für überflüssig hält, scheint uns wenig Glauben an die Kraft dieser Empfehlung des Evangeliums und an die Gnade Gottes zu haben, von der er dann an anderer Stelle wieder behauptet, – also nicht das bloße ‚Gesetz' – wirke diese Gnadengabe Christi."[47]

Die Kirche sollte also morgen auch Pfarrer haben, die aus den Erfahrungen einer Partnerschaft mit oder ohne Kinder heraus ihr Amt ausüben und davon inspiriert werden. Auch viele ehelose Pfarrer sehen darin einen qualitativen Zugewinn für die Kirche, und zwar nicht nur für die betroffenen Pfarrer und ihre Lebenskultur, sondern eben und gerade für die Qualität der Seelsorge.

Pfarrer sind dennoch überraschend zufrieden

Fällt mir nichts dazu ein - bin eigentlich sehr glücklich.

Ich bin an und für sich zufrieden - in unserer Landpfarre geht es gut - habe guten Kontakt mit den Leuten.

Weiß momentan gar nicht, wo ich etwas verbessern möchte. Es passt momentan so rundum.

„Wie geht es, Herr Pfarrer?“, so die leitende Frage der kleinen Studie. Nach allen vorgelegten Analysen zur Lage des Pfarrerberufs und ihrer Lebenssituation überrascht, dass 30% ihre Lage mit einem sehr gut benoten; weitere 57% gaben ein gut; magere 2% liegen auf 4-5.

Alles in allem, wie bewerten Sie Ihre derzeitige Situation als Pfarrer? Bitte stufen Sie fein ab zwischen: 1= sehr gut bis 5= sehr schlecht.

1	sehr gut	151	30.1%
2		283	56.5%
3		56	11.2%
4		10	2.0%
5	sehr schlecht	1	0.2%

Diese positive Globalbewertung hängt eng damit zusammen, ob die Kirchenleitung die Arbeit des Pfarrers unterstützt. 32% erleben im Durchschnitt eine solche Wertschätzung, weitere 41% haben mit Zurückhaltung positiv geantwortet. Von jenen, die eine ganz positive Evaluierung ihres Pfarrerberufs vorgenommen haben, wissen 54% von ihrer Wertschätzung und weitere 29% sehen das abgestuft so: das sind zusammen 83%. (*S. Tabelle 38)*

TABELLE 38: Wertschätzung durch die Kirchenleitung

Bewertung des Pfarrerberufs	1 trifft voll zu	2	3	4	5 trifft überhaupt nicht zu	Zeile – Gesamt
1 sehr gut	54%	29%	12%	3%	1%	30%
2	25%	48%	21%	5%	1%	57%
3	20%	43%	23%	9%	5%	11%
4	0%	22%	44%	11%	22%	2%
5 sehr schlecht	0%	0%	0%	0%	%0%	0%
Alle	32%	41%	19%	5%	2%	

Trügt der positive Schein? Wird die erste offene Frage ausgewertet, dann tönen viele Texte der Pfarrer dunkler.
„11. Vielen Priestern geht es heute in ihrer Arbeit nicht gut, weil… Nennen Sie bitte alles was Ihnen dazu spontan einfällt. Ein Beispiel für viele:“

> *Hin und her getrieben - Stress - sinnlose Sitzungen - zu wenig priesterliche Gemeinschaft - die Gemeinde erwartet vom Pfarrer manchmal zu viel - Überforderung - je älter, desto schwächer wird der Priester - nicht mehr so belastbar - Intrige innerhalb der Kirche und Gemeinde erschwert den pastoralen Dienst - vor allem am Land hat man zwei, vier Pfarren – kleinere - das Hin- und Hergerissensein - das nicht gleichermaßen Schätzen der Gemeinden, die Lieblingspfarre und die Dritte hängt halt irgendwo dran. Dann ist der Priester halt auch zerrissen - der Kleinglaube der eigene, Visionslosigkeit von den Pfarrern - negative Dominanz mancher Laienmitarbeiter. Manchmal verdrängen sie den Priester. Er findet seine Rolle nicht mehr, in einer menschlichen Liebesbeziehung, die über das Maß der kirchlichen Ordnung hinaus geht und dennoch ein guter Priester sein will.*

Wenn nun die O-Töne sowie die Detailanalysen in Bezug auf Arbeiten und Leben ambivalent klingen: Warum dann die stark

positiv gefärbte Benotung durch die Pfarrer? Steckt dahinter der Versuch, nach all dem Gesagten dennoch eine Werbung für den Beruf der Pfarrer zu machen? Oder hat sich ein Teil der Pfarrer zwischen den Paragraphen der Kirche so adjustiert, dass es ihnen (und jenen, mit denen sie leben) derart gut geht?
Es könnte freilich auch sein, dass ältere Priester sehen, dass sich die Lebens- und Arbeitsumstände für junge Priester stark gewandelt haben und jetzt etwas anderes „dran" ist als früher. Sie wollen dann zumindest für die nächste Priestergeneration andere Lebens- und Arbeitsbedingungen.
Der positiven Selbsteinschätzung entspricht auch, dass 68% auch ganz sicher wieder Priester werden würden, müssten sie sich heute dafür noch einmal entscheiden. Weitere 25% punkteten mit „wahrscheinlich". 5% nur würden wahrscheinlich oder ganz sicher nicht mehr eine solche Entscheidung treffen.

Wenn Sie noch einmal entscheiden könnten, ob Sie Priester werden, würden Sie sich wieder dafür entscheiden?

1.	ganz sicher	342	68.3%
2.	wahrscheinlich	126	25.1%
3.	wahrscheinlich nicht	21	4.2%
4.	ganz sicher nicht	5	1.0%
	weiß ich nicht	7	1.4%

Dass andererseits die Pfarrer mit der derzeitigen Entwicklung ihres Berufs doch nicht so zufrieden sind, zumal die älteren, kann daran abgelesen werden, dass viele in der Befragung auf die kurz bevorstehende Pensionierung verweisen. Das dämpft ihre Bereitschaft, sich für Veränderungen und der Kirche und in ihrem Beruf einzusetzen.

Ich denke eher an in Pension gehen und nicht daran, meine Situation als Pfarrer zu verbessern.

In der Gesellschaft nicht die Anerkennung findet, die er braucht.

Erstaunlich ist auf dem Hintergrund der so sehr ambivalenten Lage von Dienst und Leben der Pfarrer auch, wie diese ihre gesellschaftliche Reputation einschätzen. Sie meinen einen weit besseren Ruf zu haben, als die öffentlichen Debatten derzeit vermuten lassen. Unter acht Berufen rangiert in ihrer Selbstwahrnehmung der Priester – gleich nach dem Arzt auf dem (im Vergleich zu 2000 leicht geschwächten) dritten Rang. Hinter dem Priester folgen der Richter, der Lehrer, der Ingenieur und der Journalist, der Banker und an letzter Stelle der Politiker (diese haben aus der Sicht der Priester in den letzten zehn Jahren erhebliche Imageverluste erlitten).

TABELLE 39: Sozialprestige der Priester – nur leichter Imageverlust vermutet

	2000	2010	Imageverlust
Arzt	1,40	1, 51	-0,11
Priester	3,20	3,44	-0,24
Richter	3,20	3,44	-0,24
Lehrer	3,89	4,03	-0,14
Ingenieur	3,89	4,64	-0,75
Journalist	5,40	5,91	-0,51
Banker		6,43	
Politiker	5,32	6,48	-1,16

Durchschnittsrang und Differenzen (Imageverlust)

Ergebnisse

Aus gegebenem Anlaß

Eine hochmotivierte Berufsgruppe

ERGEBNIS 1: Pfarrer sind eine hochmotivierte Berufsgruppe. Sie haben hehre Ziele. Diese liegen an der Schnittstelle zwischen dem Leben moderner Menschen und dem ihnen anvertrauten Evangelium. Sie fühlen sich weniger als Kirchendiener, sondern als Gottes Mitarbeiter zu Gunsten der Menschen. Wichtig ist den Pfarrern, mit Menschen Gotteserfahrungen zu machen und diese mit der Bibel in der Hand zu deuten. 15

Sexueller Missbrauch in kirchlichen Einrichtungen

ERGEBNIS 2: Pfarrer sind durch die Missbrauchsdebatte stark irritiert. Auch wenn sie meinen, das Thema sei medial viel zu sehr hochgespielt (65%), sind 80% der Ansicht, dass sexueller Missbrauch für die Kirche ein größeres Problem als für andere Institutionen darstellt. Die Kirche sollte aber unverdrossen derart gute Lösungen erarbeiten, dass diese auch für andere Einrichtungen hilfreich sind (93%). Zugleich sollte die Kirche die Debatte als Anlass sehen, grundsätzlich über den kirchlichen Umgang mit Sexualität nachzudenken (80%). 18

ERGEBNIS 3: Die Pfarrer bescheinigen der österreichischen Kirchenleitung (66%) ein weit besseres Krisenmanagement als der römischen (21%). 20

ERGEBNIS 4: Für die psychosexuelle Reifung der befragten Pfarrer gibt es drei formende Kräftebündel – das Elternhaus im Verbund mit den gleichaltrigen Jugendlichen; kirchliche Vorbilder (Priester, Religionslehrer), die Begegnung mit Frauen/Männern bzw. die Beziehung zu einer Frau. Dem Priesterseminar wird mehrheitlich eine positive Rolle nachgesagt, wenngleich 92% meinen, dass in der Priesterausbildung mehr Wert auf menschliche Reifung zu legen sei. Die kirchliche Sexuallehre sehen 58% eher als negativ an. Die Frage ist offen, wie und ob im Rahmen der kirchlich vorgegebenen zölibatären Lebensform ein psychosexuelles Nachreifen eher behindert wird.

Pfarrerleben heute

Wie Pfarrer heute arbeiten

ERGEBNIS 5: Drei Viertel der befragten Pfarrer fühlen sich stark überlastet. Einer der Hauptursachen ist für sie der dramatisch zunehmende Priestermangel.

ERGEBNIS 6: Eine Folge des Priestermangels ist der tiefgreifende Umbau der pastoralen Räume. Die Pfarrer sind nicht grundsätzlich gegen diese neue Organisation der Seelsorge. Sie schätzen größere Räume für bestimmte Aufgaben. Zugleich halten sie aber die lokale Gemeinde für unverzichtbar. In diese soll auch jeden Sonntag Eucharistie gefeiert werden können. – Gibt die Kirche die lokalen Gemeinden auf, entfernt sie sich seelsorglich von den Menschen. „Nicht die Menschen entfernen sich von der Kirche, sondern die Kirche von den Menschen" – diese Diagnose von Altbischof Reinhold Stecher wird von sehr vielen Pfarrern geteilt.

ERGEBNIS 7: Eine fatale Nebenwirkung des Priestermangels und den daran gebundenen Umbau der Seelsorgsräume sehen die befragten Pfarrer in einem tiefgreifenden Wandel in ihrer Pfarrerrolle selbst. Alle Aufgaben, die ihnen „heilig" sind (menschennahe Seelsorge, sakramentale Feiern, Christus zu repräsentieren, Mitarbeiterförderung) sehen sie in den kommenden zehn Jahren schwinden. Einzig die Anforderung, größere pastorale Räume zu managen, wird in diesem Zeitraum rasch zunehmen. Dieser Wandel in der Pfarrerrolle wird von den Pfarrern nicht gesucht und gewünscht, sondern erlitten. Er gilt nicht als Gewinn, sondern als schwerwiegender Verlust, der demotiviert.

ERGEBNIS 8: Die Pfarrer sehen in der Ausweitung des Pools, aus dem künftig die katholischen Priester kommen, für unumgänglich an. Das allein kann sie entlasten und das drohende Ausbluten ihrer Berufsrolle verhindern. Zudem sehen sie in der Weihe von Verheirateten, von Frauen, von gemeindeerfahrenen Personen mit nichtakademischer Bildung eine Anreicherung des Priesteramts mit den Lebenserfahrungen von Frauen und von Partnerschaften. Diese Ausweitung wünschen auch jene Pfarrer, die auch dann weithin ehelos blieben, wenn sie heiraten könnten. Dieser Gruppe von Pfarrern geht es nicht um die „Abschaffung des Zölibats", sondern um einen Qualitätsgewinn für das Priesteramt. 43

ERGEBNIS 9: Es gibt eine dramatische Dissonanz zwischen der Kirchenleitung und dem Kirchenvolk (bei 74% wird von den Pfarrern eine solche vermutet) sowie der Kirchenleitung und den „leitenden Angestellten" der Kirche: ihren Pfarrern (52%). 49

Wie Pfarrer heute leben

ERGEBNIS 10: Die Hälfte der Pfarrer lebt in einem Singlehaushalt und hat eine stundenweise Haushaltshilfe. 52

ERGEBNIS 11: Etwa ein Viertel der befragten Pfarrer leidet unter Vereinsamung, vor allem wenn es ihnen schlecht geht und wenn sie Sehnsucht nach körperlicher Nähe haben (und keine Möglichkeit sehen, diese zu beruhigen). 54

ERGEBNIS 12: Pfarrer leben in einem dichten Netzwerk von Beziehungen, das sie trägt. Ehelos leben erleben viele Pfarrer daher auch nicht als vereinsamend. Ehelos ist nicht begegnungs- und beziehungslos. Dieses Netzwerk kann die Pfarre (94%) selbst sein, sodann das Presbyterium der Mitbrüder (71%). Große Bedeutung haben „wählbare" Menschen: befreundete Personen (89%), eine vertraute Person (64%), ein Freund (47%), eine Freundin (29%). 56

ERGEBNIS 13: Ehelos lebende Pfarrer erleben (wie auch die Eheleute, so sagen sie) ein ständiges Auf und Ab (73%), ein Reifen durch Krisen hindurch (71%), die Suche nach einem verantwortbaren eigenständigen Weg (67%). 13% hatte schon einmal aufgeben wollen (jene, die aufgegeben haben, wurden nicht befragt). 38% fiel eheloses Leben leicht. Auf dem Boden solcher bewegter Erfahrungen sagen 69%, dass sie mit ihrem ehelosen Leben (bisher) recht glücklich waren. Je mehr sich Pfarrer in ihrem ehelosen Leben (wie immer es auch gestaltet ist) glücklich fühlen, desto eher würden sie auch dann nicht heiraten, wenn ihnen diese Möglichkeit die Kirche bei Behalten des Amtes eröffnen würde. – Die Unterschiede hinsichtlich der Bewertung ehelosen Lebens zwischen Weltpriestern und Ordenspriestern ist marginal. Offenbar hängt das Gelingen weniger von der „Einstiegsentscheidung“ ab, sondern vom Verlauf und den im Laufe der Jahre gemachten Erfahrungen. 65

ERGEBNIS 14: Zwei Drittel der Pfarrer sehen es als hilfreich an, könnten sie mit einer Amtskollegin (Priesterin) zusammenarbeiten. Viele der Pfarrer – auch jene, die in ihrer ehelosen Lebensform glücklich sind – halten es für „hilfreich“, wenn die Lebenserfahrung von Frauen sowie die Lebenserfahrungen einer Partnerschaft (mit Kindern) das katholische Amt prägen könnte. Eine Gruppe von Pfarrern vertritt also nicht die Abschaffung des Zölibats, sondern die Anreicherung des Priesteramts durch weibliche und partnerschaftliche Lebenserfahrungen. 69

Pfarrer im Modernisierungsstress

ERGEBNIS 15: Fundament des Pfarrerberufs ist die Lage des Christentums in unserer modernen Kultur. Diese wird von den befragten Pfarrern in gegensätzlicher Weise bewertet: * Die einen haben eine *optimistische* Sicht: sie fordern daher die Öffnung der

Kirche zur modernen Welt, sehen durchaus in der modernen Kultur eine Chance für den Glauben und meinen, dass nicht der Glaube heute in Krise sei, sondern die Kirche, weil und insofern sie sich mit dieser modernen Kultur nicht mutig genug auseinandersetze. Deshalb seien auch die Konzilsreformen konsequenter voranzutreiben. * Die andere Sicht ist *pessimistisch*: Hier gilt die moderne Welt als verweltlicht, säkular, entchristlicht. Wenn sich die Kirche dieser Welt öffnet, dann wird nicht die Welt christlicher, sondern lediglich die Kirche weltlicher. Der Weg des Konzils mit der Öffnung zur Welt erweise sich daher als Irrweg. 76

ERGEBNIS 16: Entlang ihrer Einstellung zur modernen Kultur bilden sich unter den Pfarrern Lager: ein modernitätsfreundliches wie ein modernitätsskeptisches. Für die Modernen bietet die moderne Welt gute Chancen für das Evangelium: die Kirche müsse sich dazu nur – wie das Konzil vorschlug – in diese moderne Welt sich „einlassen", sich ihr öffnen. Für die Antimodernen hingegen bedroht die moderne Welt die Kirche. Um nicht zu verweltlichen, müsse sie sich dieser Welt gegenüber verschließen. – Wie sich ein Priester kleidet, lässt (mit hoher Wahrscheinlichkeit) erkennen, zu welchem Lager er neigt. 77

ERGEBNIS 17: Das Vorurteil, dass die modernitätsfreundlichen Pfarrer weniger spirituell seien als die modernitätsskeptischen, trifft nicht. Beide Gruppen verfolgen in ihrem Pfarrerberuf Ziele, bei denen Gott und Menschen in Beziehung kommen sollen. 81

ERGEBNIS 18: Die Modernen wollen mehr von den Konzilsreformen verwirklicht sehen, die Antimodernen hingegen weniger. 82

ERGEBNIS 19: Es gehört zu den bedrängenden Ergebnissen der Studie, dass aus der Sicht von 75% aller Pfarrer zwischen dem Kirchenvolk und der Kirchenleitung in vielen wichtigen Fragen ein tiefer Dissens herrscht. Ein solcher ist bei 52% der Pfarrer – den „leitenden Angestellten" der Kirche – vorhanden. Bei den

Modernitätsoffenen steigen die Werte drastisch: Dissonanz Kirchenvolk-Kirchenleitung 90%, Dissonanz Pfarrer-Kirchenleitung 72%. 87

ERGEBNIS 20: Größeren pastoralen Räumen stehen auch die modernen Pfarrer für bestimmte Aufgaben offen gegenüber. Allerdings setzen sie voraus, dass die Kirche den Menschen nahe bleibt und deshalb die lokalen Gemeinschaften nicht aufgibt. Nicht zuletzt sehen sie, wie die Bildung großer Räume in erster Linie eine Reaktion auf den Priestermangel ist: Auf diese Weise aber wird den wenigen Priestern immer mehr Arbeit aufgelastet. Pfarrer klagen über enorme Überlastung. – Zudem leiden sie unter einem verlustreichen Umbau ihrer Pfarrerrolle. Was sie tun möchten (Seelsorge, Feier der Sakramente, Christus repräsentieren, Mitarbeiter fördern), werden sie – so ihre Befürchtung – in zehn Jahren deutlicher seltener tun. Dafür werden sie pastorale Großräume managen. Da das Leiten von Großräumen nicht „geistlich" verstanden und nur schwer so gestaltet werden kann, kommt es zu einer Art „Entgeistlichung" der „Geistlichen". 92

ERGEBNIS 21: Für die modernitätsfreundlichen Pfarrer ist jede Ausweitung des Pools, aus dem die Priester genommen werden, willkommen. Nur dieser Schritt lässt sie auf Arbeitsentlastung hoffen. 93

ERGEBNIS 22: Neben der Arbeitsentlastung erwarten die modernen Pfarrer von einer Ausweitung der Zulassungsbedingungen eine Anreicherung des Priesteramts durch die Weihe von Frauen und von Menschen, die in einer Partnerschaft (mit Kindern) leben. 101

ERGEBNIS 23: Der dritte Grund für die Ausweitung des Pools, aus dem die katholische Kirche ihre Priester nimmt, ist bei modernen Pfarrern ihr eigenes Interesse. Nicht wenige kommen mit der ehelosen Lebensform, die sie am Beginn ihres Amts gewählt haben, nicht zu Recht. Sie machen ein ständiges Auf und Ab durch (was typisch für alle modernen Lebensformen ist), durchleben Krisen, suchen für sich jenseits der disziplinären Vorgaben einen eigenständigen Weg, den sie verantworten können (67%). So kommt es, das so viele Ehelose trotz Krisen sagen können, dass sie mit ihrer Lebensweise glücklich sind (52%). 107

Die jungen Pfarrer

ERGEBNIS 24: Je jünger ein Pfarrer, desto modernitätsskeptischer ist er. Beim Weihealter ist der Zusammenhang umgekehrt: Je jünger jemand bei der Weihe ist, umso weltoffener ist er. 116

ERGEBNIS 25: Die jüngeren Pfarrer sind gegenüber allen modernisierenden Veränderungen reservierter als die älteren. Am liebsten wäre es ihnen, es bliebe alles beim Alten oder es würde die Kirche – nach den in ihren Augen missglückten Konzilsreformen – wieder zum Alten zurückkehren. 118

ERGEBNIS 26: Könnte es sein, dass sich mit dem Erstarken der Skepsis gegenüber der modernen Welt bei den jüngeren Pfarrern abzeichnet, dass sich die katholische Kirche als Ganze auf diesem weltabgewandten Weg befindet? Das würde nicht von Haus aus mehr Glaubenskraft bringen, sondern eher eine noch stärkere Einigelung der Kirche in einem geschrumpften antimodernen Milieu. Die Kirche und nicht zuletzt auch ihre Leitung muss sich darüber Klarheit schaffen, ob sie diesen Weg gehen will. Aber verrieten sie auf einem solchen Weg nicht den Auftrag Jesu, der ja lautet: „Geht hinaus in alle Welt“ und nicht: „Schließt euch eng in einem weltfremden Milieu zusammen!“ 123

Anhänge

Sexueller Missbrauch von Kindern in pädagogischen Einrichtungen

Aus gegebenem Anlass ist in Zusammenarbeit mit Fachleuten und Verantwortlichen der kirchlichen Jugendarbeit an der Wiener Universität am 19. 6. 1995 ein Positionspapier verabschiedet worden, das es um der betroffenen Kinder willen lohnt, hier dokumentiert zu werden.

Zurzeit werden in Österreich 25% der Mädchen und 8-10% der Buben sexuell missbraucht. Mehr als 8 von 10 dieser Fälle geschehen in der eigenen Familie, der Rest in außerhäuslichen pädagogischen Einrichtungen.

Wenn sich die katholisch-theologische Fakultät im Verein mit der evangelischen Schwesternfakultät und vielen anderen Institutionen mit dem „Sexuellen Missbrauch von Kindern in pädagogischen Einrichtungen" befasst, so tut sie dies in erster Linie zum Schutz der gefährdeten Kinder, zu Gunsten der Beratung suchenden Täter sowie zum Vorteil der pädagogischen Institutionen und nicht zuletzt jener Eltern, die aus vielen Gründen ihre Kinder außerfamiliären pädagogischen Einrichtungen anvertrauen und sicher sein wollen, dass diese fachlich und menschlich optimal betreut werden. Die Begriffe „Konsumentenschutz" und „Qualitätssicherung" haben hier Geltung!

1. Kinder sind immer auf Anerkennung, liebevolle Zuwendung, Wärme und Geborgenheit seitens der Erwachsenen angewiesen. Erziehung braucht positive Identifikation des Kindes mit der/dem Erziehenden, deshalb sind maßvolle persönliche Beziehungen, Nähe und Zuwendung notwendige Arbeitsvoraussetzungen für den pädagogischen Beruf. Pädagogisch Tätige sind aber dafür ver-

antwortlich, innerhalb dieses sensiblen Beziehungsgefüges die nötige professionelle Distanz zu wahren, damit es nicht zu Verzweckung, Ausbeutung oder Missbrauch von Kindern kommen kann.

2. Die Gefahr gewaltsamer Übergriffe an Kindern seitens pädagogisch Tätiger ergibt sich u. a. aus den konkreten Rahmenbedingungen pädagogischer Einrichtungen. Vereinsamung, emotionale Defizite führen dazu, dass Kinder niederschwellig (also mit geschwächtem Widerstand) auf Zärtlichkeit und Zuwendung ansprechbar werden. Erziehende brauchen für derartige Arbeitsfelder eine hohe personale wie fachliche Kompetenz, die in Ausbildungen erworben und durch eine entsprechend qualifizierte Praxisreflexion (Supervision) beständig erweitert werden muss.

3. Die Täter sind auch in pädagogischen Einrichtungen überwiegend Männer. Die Bereitschaft, sich Kindern gewaltsam oder missbräuchlich zu nähern, wurzelt u. a. in ihrer – gesellschaftlich anerkannten – männlichen Sozialisation: männliche Definitionsmacht, das Selbstverständnis vom „stärkeren" Geschlecht, die Initiativrolle im Beziehungsgeschehen sind u. a. Faktoren, die im Einzelfall übergriffiges Verhalten gegenüber Abhängigen fördern. Zudem scheuen viele Männer nach wie vor eine ausführliche Auseinandersetzung mit ihrem „Innenleben", mit ihren Gefühlen, Phantasien und Ängsten. – Für alle Personen, die pädagogisch tätig sind, ist zu verlangen, dass sie sich in besonderer Weise mit ihrer Sexualität und Geschlechterrolle, aber auch mit Aggression und Abhängigkeit auseinandersetzen, sich psychologisch gründlich bilden und ihre Berufsrolle beständig reflektieren. Die Missbrauchsneigung kann viele Facetten haben, zum Beispiel „männliche" Gewaltanfälligkeit, „weibliche" Symbiosetendenz.

4. Pädagogische Einrichtungen müssen Transparenz und Selbstkontrolle finden und weitere geeignete Maßnahmen ergreifen, um missbräuchliche Übergriffe an den anvertrauten Kinder auszu-

schließen. Dazu zählen: Mehrpersonen–Erziehungsmodelle analog dem Teamteaching im Unterricht, Kooperation mit außerinstitutionellen pädagogischen Einrichtungen (Öffnung), verbindliche Weiterbildungsangebote für die MitarbeiterInnen (Teamsupervision, regelmäßige Fachbildung...), sowie eine konsequente und qualitative Weiterentwicklung kooperativer Erziehungsmodelle.

5. Um Kinder vor (sexuellen) Übergriffen zu schützen, ist neben einer fundierten Sexualaufklärung auch eine Erziehung zum Widerstand, zum „Nein"–Sagen notwendig. Diese muss einen kreativen Kontrapunkt zu einer einseitigen „Gehorsamserziehung" darstellen. Um die praktische Erziehungsarbeit diesem Ziel anzunähern, ist eine gründliche Revision des Bildes vom Kind bzw. der Kindheit vonnöten. Eine Pädagogik, die Kinder als eigenständige Persönlichkeiten ernst nimmt, wird sie auch zum Widerstand gegen emotionale Hörigkeit ermutigen.

6. Die entschlossene Bereitschaft, Kindern grundsätzlich zu glauben, wenn sie von Übergriffen berichten, muss als oberstes Prinzip bei der Aufdeckung von sexuellem Missbrauch gelten. Leider werden Erlebnisse von Kindern oft genug als Lüge, Phantasterei oder Bagatelle hingestellt. Durch die Verleugnung der Tat durch Täter und Gesellschaft entsteht akute Wiederholungsgefahr sowie die Gefahr, das Kind weiter zu traumatisieren. Aber auch für die verdächtigte Person muss die Unschuldsvermutung gelten, bis die Beweislast aussagekräftig ist. Bei erfolgten Übergriffen hat sich allein eine rasche Trennung von Täter und Opfer als der wirksamste Schutz des Kindes erwiesen. Die Verantwortlichen von pädagogischen Einrichtungen sind daher verpflichtet, solche Trennungen unverzüglich einzuleiten, sobald sich der Verdacht auf eine Gefährdung von Kindern erhärtet. Dabei soll im Normalfall nicht das Opfer, sondern der Täter die Nachteile der Trennung tragen und aus dem pädagogischen Dienst genommen werden.

7. Auch die Kirchen sollen eigene frei zugängliche Beratungsstellen

einrichten, die interdisziplinär (JuristIn, SozialpädagogIn, ÄrztIn, TherapeutIn...) besetzt werden. Dabei ist eine enge Zusammenarbeit mit außerkirchlichen unabhängigen Einrichtungen anzustreben. Die Einrichtung kirchlicher Untersuchungskommissionen ist zudem für die rasche und effiziente Aufarbeitung von Fällen mit Tätern in kirchlichen Anstellungsverhältnissen sinnvoll und notwendig. Es muss insbesondere die Möglichkeit geben, dass Männer, die einen Missbrauch begangen haben, Beratung finden. Unabdingbar ist im Übrigen die Klärung, auf welche Weise solche beraterische und therapeutische Vorgänge nicht nur ermöglicht, sondern auch finanziert werden. Um eventuelle Folgekosten tragen zu können, sollte ein gut dotierter Fonds eingerichtet werden. In diesem Zusammenhang ist insbesondere auf eine in den US-amerikanischen Diözesen bestehende Institution zu verweisen. Diese besteht in der Einrichtung diözesaner Kommissionen, denen einerseits die vorausgehende und begleitende Schulung sämtlicher Personen obliegt, die in irgendeiner Weise in diözesanen Bildungseinrichtungen mit Jugendlichen zu tun haben. Andererseits ergreift die Kommission innerhalb kürzester Frist (meist schon nach 24 Stunden) geeignete Maßnahmen, sobald ihr ein Fall von Missbrauch eines Kindes oder Jugendlichen gemeldet wird. Diese Maßnahmen bestehen nicht nur in einer sofortigen (wenngleich zunächst vorläufigen) Außerdienststellung des Beschuldigten, sondern umfassen auch therapeutische Maßnahmen gegenüber Opfer, Täter, Mitschüler, Eltern und Verwandte des Opfers. Die Einrichtung ähnlicher Kommissionen in Bildungseinrichtungen österreichischer Diözesen wäre empfehlenswert.

8. Die öffentliche Debatte des sexuellen Missbrauchs von Kindern sowie eine entsprechende Öffentlichmachung der Zielsetzungen, Rahmenbedingungen und Arbeitsweisen pädagogischer Einrichtungen dienen dem Schutz der Kinder. Die theologischen Fakultäten der Universität Wien hoffen, durch ihr Symposium dazu einen guten Beitrag zu leisten.

Projekt „Ältestenteams“

Geeignete Gemeinden

1. Es werden drei Gemeinden ausgewählt, die in vorhersehbarer Zeit keinen Priester mehr bekommen werden (weil keine Person da ist, weil auch das Geld ausgeht). Sie sind aber fest entschlossen, ihre gemeindliche Eigenständigkeit nicht zu verlieren.

2. Diese Gemeinde hat diese Entschiedenheit schon durch die Ausbildung von Diensten und den Aufbau pastoraler Gruppen bewiesen und beweist diese auch aktuell.

3. Die Gemeinde macht einen geistlichen Erneuerungsvorgang durch. Ziel ist es, möglichst viele für eine missionarische Grundhaltung zu gewinnen. Auch sollten möglichst viele auf einem spirituellen Weg lernen, zu ihrer Taufe ein erwachsenes „Adsum“ zu sprechen und bereit zu sein, aus Mitgliedern Zeugen zu werden.

Gemeindeerfahrene Personen

4. In der Gemeinde werden drei Personen gesucht. Diese kommen aus der Mitte des gemeindlichen Lebens und haben schon Verantwortung getragen, sind in diesem Sinn „personae probatae“. Sie haben auch reichlich berufliche Erfahrung. Im Normalfall sind sie als „Älteste“ (Apg 14,23) bereits in Pension und damit in der Lage, ehrenamtlich zu wirken. Niemand ist unter 55.

5. Der Bischof sorgt dafür, dass es eine theologisch verantwortliche und pastoral intensive Ausbildung von drei Jahren gibt. Diese kann an eine Hochschule / Universität angebunden werden. Wenn es ein Bakkalaureat ist, braucht es eine besondere pastorale Schwerpunktsetzung. Die Eignung für Leitungsaufgaben im Team muss gegeben sein.

Kirchenpolitisch: Pilotprojekt für Weltkirche

6. Der Bischof erhält die Sondererlaubnis (als Ausnahme vom can 1042 §1), diese drei Personen zu Priestern zu weihen und sie der Gemeinde zuzuordnen, aus der sie kommen. Er ordnet sie rechtlich bei der Weihe einem pastoralen Raum als örtliches Presbyterium zu.

Intensive Begleitung lokaler Presbyterien

7. Hoher Wert wird nach der Weihe auf eine intensive spirituelle und pastorale Begleitung gelegt. Dadurch kann die nur dreijährige Ausbildung wettgemacht und weitergeführt werden.

8. Abzuraten ist von der Weihe von „viri probati“ im herkömmlichen Sinn: also von Hauptamtlichen. Dies würde vorhersehbar die Entwicklung der Gemeinden zu einer missionarischen Zeugenschaft mindern.

Konzentration der ehelos lebenden Priester in regional wirkenden Kommunitäten

9. Die Bildung lokaler Presbyterien eröffnet die Möglichkeit, die ehelosen Priester in Zentralpfarren zusammen zu ziehen. Die Studie Priester 2000 zeigt, dass unter modernen Bedingungen Zölibat sehr eng mit kommunitärer Lebensform verwoben ist. Die Bildung von lokalen Presbyterien könnte eine Möglichkeit sein, den Zölibat dadurch zu sichern, dass er in Gemeinschaften auch praktisch lebbar gemacht wird.

10. Der Dechant, der selbst in einer solchen Priestergemeinschaft lebt, ist für die neuen (drei) Presbyterien verantwortlich: rechtlich, spirituell, pastoral.

Wirklich ein Priestermangel?

Zur Lage der pastoralen Berufe im deutschsprachigen Raum

Die pastoralen Berufe – Priester, Diakone, Pastoralreferenten und Pastoralreferentinnen – sind im deutschsprachigen Raum soziologisch gut erforscht. Unter jenen, die heute einen pastoralen Dienst ausfüllen, sind beachtlich viele, die persönlich eine Berufung zum Priesteramt in sich verspüren. Wer diesen Blick einnimmt, kann keinen wirklichen Priestermangel erkennen.

Die Kirchen im deutschsprachigen Raum (Deutschland, Schweiz, Österreich) gehören zu den reichen der katholischen Weltkirche. Das gibt ihnen die Möglichkeit, im Vergleich zu anderen Kirchenregionen viele Menschen beruflich in Dienst zu nehmen. Das macht die katholische Kirche zu einem respektablen Arbeitgeber mit einer Vielfalt von Berufen, darunter auch „die pastoralen Dienste", wie die deutschen Bischöfe sie in der Ordnung von 1977 nannten.

Diese pastoralen Berufe sind im deutschsprachigen Raum gut erforscht (vgl. schon *Gerhard Schmidtchen*, Priester in Deutschland. Forschungsbericht über die im Auftrag der Deutschen Bischofskonferenz durchgeführte Umfrage unter allen Welt- und Ordenspriestern in der Bundesrepublik Deutschland, Freiburg 1973). Im Jahre 2000 fand eine Erhebung statt unter Priestern in Deutschland, der Schweiz, in Österreich, aber auch in Kroatien, Polen und in der Ukraine, wo griechisch-katholische Priester befragt wurden (*Paul M. Zulehner*, Priester im Modernisierungsstress. Forschungsbericht der Studie Priester 2000, Ostfildern 2001; zusammen mit *Anna Hennersperger*: „Sie gehen und werden nicht matt" [Jes 40,31]. Priester in heutiger Kultur, 2. Aufl., Ostfildern 2001). 2002 regten die Verantwortlichen für die Diakone in der Diözese Rottenburg-Stuttgart eine Befragung von Diakonen an (Zulehner,

Dienende Männer – Anstifter zur Solidarität. Diakone in Westeuropa, Ostfildern 2003; zusammen mit *Elke Patzelt*, Samariter – Prophet – Levit. Diakone im deutschsprachigen Raum. Eine empirische Studie, Ostfildern 2003).

Schließlich ist es gelungen, 2006 im deutschsprachigen Raum PastoralreferentInnen zu befragen (Zulehner und *Katharina Renner*, Ortsuche. Umfrage unter Pastoralreferentinnen und Pastoralreferenten im deutschsprachigen Raum, Ostfildern 2006). Nicht untersucht wurden bislang die GemeindereferentInnen. In Österreich ist für 2009 überdies eine Umfrage unter Ehrenamtlichen in den Pfarreien in Vorbereitung.

In allen Studien kam eine enorme Vielfalt an Berufsbildern zum Vorschein. Und dies innerhalb der jeweiligen Berufsgruppe. Priester ist nicht gleich Priester, Diakon nicht Diakon und auch Pastoralreferentin nicht Pastoralreferentin. Diese bunte Vielfalt wurde über eine Typenbildung sichtbar.

Unter den *Priestern* gibt es demnach zeitlose Kleriker, zeitoffene Gottesmänner, zeitnahe Kirchenmänner, zeitgemäße Gemeindeleiter. Diese Benennungen lassen bereits erkennen, dass mehrere Aspekte bei der Bestimmung der bunten Typen von Priestern eine Rolle spielen: Deren innerkirchliche Positionierung (eher in der Gemeinde die Gemeindeleiter, der Gemeinde mehr gegenüber die Kleriker) ist dabei ebenso wichtig wie das Weltverhältnis (hier reicht die Skala von weltabgewandt über weltzugewandt hin zu weltgewandt und weltverwandt). Je nach Land, aber auch nach Alter, variieren die Verteilungen. Die in die Studie einbezogenen osteuropäischen Länder Kroatien und Polen haben Priester, die mit den in Österreich 1970 untersuchten sehr verwandt sind.

Aber auch in den deutschsprachigen Ländern, und hier wieder in den einzelnen Diözesen, sind die Verteilungen verschieden. Der Klerus in den alten Bundesländern ist anders zusammengesetzt als jener in den neuen. Die kommunistische Vergangenheit hat den Fortbestand eines eher traditionellen Priesterbildes begünstigt –

eine Beobachtung, die man bei Europäischen Priesterversammlungen gut beobachten kann, wenn Priester aus West- und aus Osteuropa zusammentreffen.
Auch die *Diakone* verstehen sich selbst verschieden. Samariter wollen unmittelbar helfen, wo Not ist. Neben diesen gibt es die von uns so genannten Propheten, weil sie nicht nur Opfer des Unrechts versorgen, sondern Opfer des Unrechts vorbeugend verhindern möchten. Sie sind also an der Veränderung ungerechter Strukturen in Gesellschaft und Kirche interessiert. Schließlich finden wir eine beachtlich starke Gruppe, die ursprünglich Priester werden wollten, um zu heiraten aber auf das Amt des Diakons ausgewichen sind. Sie wären aber jederzeit bereit, sich ordinieren zu lassen. Es sind also Diakone „im presbyterialen Standby“. In der Schweiz zählen zwei Drittel zu diesem Typ (Chur: 56 Prozent; St. Gallen: 67 Prozent). Anders ist die Lage in Salzburg (12 Prozent) und Berlin (8 Prozent).
Die Verteilung dieser drei Diakonstypen ist in den untersuchten Diözesen sehr verschieden. Das macht eine recht unterschiedliche Diakonatspolitik in den einzelnen Diözesen erkennbar. Vielleicht waren, vor allem nach der Einführung des Ständigen Diakonats, nicht wenige Diözesanleitungen der Meinung, dass sich die Kirche auf dem Weg der Öffnung des Priesteramts auch für Verheiratete befindet und wollten sich schon im Voraus einen tauglichen Pool von Kandidaten schaffen. Andere Diözesen wiederum blieben zurückhaltend und setzten dafür lieber auf die gut ausgebildeten PastoralreferentInnen. Sie meinten dies auch damit begründen zu können, dass manche Diakone mehr zum Altar strebten denn zu den Armen und ein Teil von ihnen sich klerikaler gebärdete denn manche Priester.
Eine enorme Bandbreite weisen die *PastoralreferentInnen* im deutschen Sprachraum auf. Angetreten waren ja viele – und auch die offiziellen Berufsbildumschreiben weisen in diese Richtungen – dass es sich bei diesem relativ jungen pastoralen Beruf um hauptamtlich berufstätige Laien im pastoralen Dienst handelt. Dass sie

dabei eine besondere Weltkompetenz und darüber hinaus eine Ehe- und Familienkompetenz mitbringen, wird ihnen nachgesagt. Solch ein Stereotyp stört aber die gar nicht wenigen Unverheirateten in dieser Berufsgruppe. Zudem ist es nach unseren Studien ebenso unhaltbar, den Priestern eben eine solche pastorale unverzichtbare Weltkompetenz generell abzusprechen und sie ausschließlich auf der Seite der PastoralreferentInnen anzusiedeln.
Bei der Typologiebildung spielte, was in der derzeitigen Situation nicht überrascht, das Verhältnis der PastoralreferentInnen zu den Presbytern eine gewichtige Rolle. Auf Grund des Priestermangels überrascht es nicht, dass es eine Art „Sog" auf die freiwerdenden Priesterstellen gibt. Dieser „Sog" wird durch einen „Drang" dorthin verstärkt: Denn Priester haben in der Gesellschaft und auch innerhalb der kirchlichen Gemeinschaften ein Sozialprestige, das sie durch besondere pastorale Leistungen gar nicht verdienen, schlimmstenfalls freilich schnell verspielen können. Priester genießen also eine Art geschenktes zuvorkommendes Sozialprestige, das sich die jungen Laienberufe erst erarbeiten müssen. Und weil der Grund für das den Priestern gewährte Sozialprestige eher die Figur des „heiligen Außenseiters" ist, des (rituellen) Fahrzeuglenkers hinein in eine bergende göttliche Welt, und Priestern dies von der Kirche durch Weihe und Lebensform augenscheinlich zugewiesen wird, wird es für Laien generell nicht leicht sein, sich ein solches Prestige zu erwerben.
Der Priestermangel ermöglicht es nun aber hauptamtlichen Laien, über den Weg der Gemeindeleitung zumindest teilweise am Sozialprestige der Priester teilzuhaben. Das modifiziert natürlich die Laienberufe, wie sie sich in Zeiten ausreichend verfügbarer Priester entwickelt haben und auch frei entwickeln konnten. PastoralreferentInnen „presbyterialisieren", heißt es in der Studie. Ein Teil der befragten Pastoralreferentinnen, so die Typenbildung, kann als virtuelle Presbyter bezeichnet werden, andere sind es wohl schon real. Die Kirche hat damit den theologisch fragwürdigen Fall von „ungeweihten Laienpriestern", ein Zustand, der – so

schon *Ferdinand Klostermann* – nur als „heilsamer Unsinn" definiert werden kann.

Allerdings enthält diese „Notlösung" eine enorme *destruktive Dynamik*. Denn einerseits macht sie die Weihe überflüssig: Es zählt dann nur noch fachliche Kompetenz – was natürlich für alle Berufe gilt, aber nicht ausreicht. Andererseits macht es auch sowohl den Priester- wie die Laienberufe kaputt, weil die „realen Presbyter" unter den Laientheologen weder das eine noch das andere sind. Dass sich dann manche der LaientheologInnen auf solchen presbyterialen Handlungsfeldern (natürlich gehört hierher auch die Taufe, die ja ursprünglich dem Bischof vorbehalten war!) selbst als vom Volk faktisch geweihte Priesterinnen und Priester verstehen – ist zwar rührend, aber widerspricht dem ekklesialen Charakter des Ordo. (Die auf dem Donauschiff geweihten Frauen hatten für die Weihe keine Kirche, in der die Ordination stattfinden hätte können: deren Weihe war daher alles andere als ekklesial, vielmehr heidnisch-magisch.) Es verdient vermerkt zu werden, dass sich durch diese Entwicklung katholische Diözesen auf einen Weg begeben, den die katholische Kirche mit Blick auf die Diskussionen über das kirchliche Amt in Lima 1982 stets als Irrweg gegeißelt hat. Konsens war seinerzeit: „Um ihre Sendung zu erfüllen, braucht die Kirche Personen, die öffentlich und ständig dafür verantwortlich sind, auf die fundamentale Abhängigkeit von Jesus Christus zu verweisen und dadurch innerhalb der Vielfalt der Charismen für die Einheit zu sorgen." Dieses Amt ist „konstitutiv für Leben und Zeugnis der Kirche. Es wird seit frühester Zeit und weithin in allen christlichen Kirchen durch Ordination übertragen" (Kommission für Glauben und Kirchenverfassung des Ökumenischen Rates der Kirchen, Konvergenzerklärungen zu Taufe, Eucharistie und Amt, hier: Amt, Nr. 8).

Die Verteilung der PastoralreferentInnen im deutschsprachigen Raum ist markant verschieden. Vor allem in der Schweiz presbyterialisiert diese Berufsgruppe mächtig. Es gibt kein Kirchengebiet, in dem so viele Laien in der Gemeindeleitung sind, predigen und

taufen, wie in Schweizer Diözesen. Das heißt aber auch, dass es in diesen Schweizer Diözesen keinen Priestermangel, wohl aber einen notorischen und fatalen Weihemangel gibt.
In Deutschland, wo die Bischofskonferenz den Einsatz der Laientheologen in Pfarrgemeinden nicht als Regel vorsieht, ist die Lage deutlich anders. Es gelingt aber nur einem Teil, diese Regel auch faktisch einzuhalten, wie die Verteilung der vier Typen in den deutschen Diözesen zeigt. Denn manche Diözesen verfolgen offenbar einen anderen Weg und stellen PastoralreferentInnen für die Gemeinden ein. Dies wohl auch unter dem wachsenden Druck der schwer überlasteten eigenen Seelsorgepriester, deren Hauptsorge darin besteht, aus Seelsorgern (so waren sie primär ausgebildet worden und das wollen viele eigentlich auch weiterhin sein) Pastoralmanager in seelsorglichen Großräumen zu werden. Wegen des Priestermangels nicht mehr Seelsorger zu sein, wird von 85 Prozent der befragten Priester beklagt – und diese Klage steigt mit der Anzahl der zu betreuenden Pfarreien an.

Können die Einseitigen voneinander lernen?

In allen drei Großstudien gab es ein gemeinsames Paket an Fragen zum Priesterbild. In der Priesterstudie wurde damit das Selbstbild der Priester eruiert. In den Studien unter den Diakonen und den PastoralreferentInnen sollte das Fremdbild der Priester erkennbar gemacht werden. Das jeweilige Priesterbild (und wie alle Studien zeigen, das damit eng verwobene Bild der Laien und der Kirche insgesamt) beeinflusst das Verhältnis und die Zusammenarbeit der verschiedenen Berufsgruppen in den Pfarreien, Seelsorgeräumen und Diözesen nachhaltig.
Das sind die einzelnen Testitems: Das priesterliche Amt ist von Christus eingesetzt; ist Repräsentation Christi; beansprucht das ganze innerste Leben seines Trägers; dient dem geistlichen Wachstum der Kirche; hält die anvertraute Gemeinde in der Spur des Evangeliums; ist Repräsentation der Gemeinde; sorgt sich darum,

dass die vom Evangelium geformten Gemeinden mit der Ortskirche verbunden bleiben; dient primär der Schlichtung von Konflikten, dem menschlichen Zusammenleben in der Gemeinde; ist Dienst an der Gemeinde; ist Ausdruck persönlicher Berufung; ist ausschließlich Schöpfung der frühen Gemeinden; gründet nicht in einer besonderen Weihe; ist Ergebnis eines geschichtlichen Prozesses.

Dieses Instrumentarium zur Erhebung des Priesterbilds wurde erstmals in der Studie der Deutschen Bischofskonferenz 1973 eingesetzt. Damals war es unter der Mitwirkung der Theologen *Karl Lehmann* und *Walter Kasper* entwickelt worden. In den einzelnen Aussagen zum Priesterbild wird einerseits die Beziehung zu Christus angezielt, andererseits die Beziehung zur Gemeinde. Eingebaut war in die Fragebatterie die moderne Amtstheologie mit deren Doppeldimension der synchronen und der diachronen Einheit: Das Amt hält die anvertraute Gemeinde in der Spur des Evangeliums und (katholisch) im Verbund mit den anderen Evangeliumsgemeinschaften.

Priester, Diakone und PastoralreferentInnen favorisieren ihr je eigenes Priesterbild. Für PastoralreferentInnen ist der Priester vorab Gemeindeleiter. Für die Priester selbst eher Kleriker. Für die Schweizer PastoralreferentInnen (58 Prozent) ist der Priester genau das, was sie selbst leben: Der Priester ist Gemeindeleiter, braucht dazu eher keine Weihe, muss sich nicht „total" mit seinem Beruf identifizieren, weil dies auch nicht das Innerste der Existenz beansprucht. Das bedeutet aber zugleich: Wenn diese Eigenschaften das priesterliche Amt ausmachen, was steht dann ihrem Wunsch entgegen, dass sie in dieser Weise selbst als Priester beziehungsweise Pfarrer anerkannt werden? Ganz anders sehen dies die Priester in Osteuropa; hier ist nur für 3 Prozent der Priester „Gemeindeleiter". In dieser Kirchenregion dominiert das Bild vom Priester als zeitlosem Kleriker (62 Prozent).

Praktisch-theologisch erwünscht wäre der zeitoffene Gottesmann. Dieser versteht sich „pontifikal". Er achtet die Rückbindung an

Christus wie die Einbindung in den Gang der eigenen Kirche durch die Zeit. Er ist jener Priestertyp, der zwischen Auftrag und Situation vermittelt; die zeitlosen Kleriker flüchten eher in die Tradition, die Gemeindeleiter beugen sich eher der Situation. Die Kleriker dienen, wie sie sagen, dem Kyrios. Die Gemeindeleiter dem Kairos. Die Gottesmänner versuchen, dem Kyrios im Kairos zu dienen.

Die Buntheit in den pastoralen Berufen der katholischen Kirche ist Ausdruck des Reichtums an Möglichkeiten. Sie lehrt aber auch, dass die oder der Einzelne nie in der Lage ist, das gesamte weite Spektrum der pastoralen Berufung zu leben. Die Möglichkeit bestünde, dass die Einseitigen voneinander lernen.

Sobald sich aber Lager von Gleichgesinnten bilden, kann es zu unseligen Belagerungen kommen. Ist dann einer Gruppe zudem die Neigung zum „Autoritarismus" eigen, also zu einer Art Persönlichkeitsschwäche, die sich in Unterwerfungsbereitschaft äußert, dann kann es zu aggressiven Auseinandersetzungen zwischen den Lagern kommen.

Verschließt sich die Kirche der Welt gegenüber?

Menschen in einem pastoralen Dienst brauchen eine hohes Maß an Pluralitätstoleranz (*Hermann Stenger*). Diese ist etwas anderes als Standpunktlosigkeit oder Beliebigkeit. Denn die Welt, in der heute die Kirchenmitglieder leben, ist überaus vielfältig. Die Menschen bewegen sich auf einer Skala von modern bis traditionell. Dazwischen finden sich höchst unterschiedliche Milieus, die sich heute in den Kirchen in teuren Erhebungen feststellen lassen, aber in der alltäglichen Kirchenpraxis viel zu wenig zur Kenntnis genommen werden.

Milieu-Empathie bedeutet Zeitoffenheit, die bei einem Teil der Priester (den zeitlosen Klerikern), nur schwach ausgeprägt ist. Moderne Zeitgenossen beteiligen sich folglich sich immer weniger am kirchlichen Leben: Und das oft nicht, weil sie keine spirituelle

Erwartungen haben, sondern weil die Stilisierung des kirchlichen Lebens im Widerspruch zu ihren Alltagserfahrungen steht. Es gibt einen von Trägern kirchlicher Berufe selbst *verschuldeten Kommunikationsabbruch* mit modernen Menschen und deren Lebenswelt. Die derzeit praktizierte Ernennung konservativer Bischöfe in einigen Kirchengebieten wie zum Beispiel in Bayern erschwert die Lage.

Die Gefahr, dass sich die Kirche bei einem Teil ihrer beruflichen Repräsentanten der Welt gegenüber neuerlich verschließt, ist akut. PastoralreferentInnen und mit ihnen die „Samariter" unter den Diakonen und die „zeitoffenen Gottesmänner" wären unverzichtbare Garanten einer „kairologischen Sensibilität" (vgl. Zulehner, Qualität und Farbe. Zum Ort der Pastoralreferenten in der Kirche, in: Lebendige Seelsorge Nr. 4/2007, 210–213). Von hier aus kann man das Klagen eines Großteils der PastoralreferentInnen über die derzeitige Grundstimmung in der katholischen Kirche verstehen. Sie hegen mehrheitlich (73 Prozent) den Verdacht, dass der Kirchenleitung die Nähe zum alltäglichen Leben und Leiden der Menschen fehle. Mit erdrückender Mehrheit mutmaßen sie, dass diese sich der Welt annähernden Reformen des Konzils heute, wenn überhaupt, viel zu langsam und nur halbherzig, ja mutlos vorangingen (84 Prozent) – verschwindende 3 Prozent sehen das nicht so.

Das Potenzial wird nicht ausgeschöpft

Ein Moment an der Neubestimmung des Weltverhältnisses scheinen die schleichende Abwertung und der Rückzug der Gemeinden aus der Diakonie zu sein. Natürlich sind die Kirchen in Westeuropa (und nicht nur hier) spirituell erschöpft. Eine Stärkung der spirituellen Kraft des kirchlichen beziehungsweise kirchengemeindlichen Lebens steht dringlich an. Sonst werden die Kirchen keine gute Adresse für die wachsende Zahl der spirituellen Wanderer (*Ernst Bochinger*) in den gleichfalls erschöpften Feldern säkularen Lebens werden. Was aber dabei nicht wachsen sollte, ist eine Wellnessspiritualität der fromm verdrehten Augen. Abendmahl und Fußwaschung zu trennen, Mystik von der Politik, Kontemplation von der Aktion entspräche einer völlig unjesuanischen Trennung von Gottes- und Nächstenliebe.

Eine Lesehilfe für den wachsenden Rückzug eines beträchtlichen, oft des jüngeren Teils der Priester aus der modernen Welt könnte die neue Lust an der traditionellen Priesterkleidung sein. Die in Umfragen sichtbar gewordenen statistischen Zusammenhänge sind diesbezüglich klar und erdrückend. Dabei ist gegen Identität und Erkennbarkeit in Zeiten der Diffusion nichts einzuwenden. Aber den Neokonservativen geht es nicht um die Erkennbarkeit des Evangeliums, sondern der traditionellen Kirchengestalt und um die Zähmung ihrer eigenen Weltverunsicherung. So lassen sie ihre schwach ausgebildete Persönlichkeit hinter einer erstarrten Rolle verschwinden, aus der Person wird der Funktionär. Die ethisch einzig zulässige kritische Loyalität kippt in blinden Gehorsam.

Diese Unterwerfungsbereitschaft ruft dann nach neuen (geistlichen) FührerInnen: Diese sind aber von einer ganz anderen Art als die noch mehr erforderlichen geistlichen Meister. Bei solchen Entwicklungen geht das seelsorgliche Urkapital heutiger Evangelisierung verloren: die Authentizität. Was zählt denn auch schon das Zeugnis eines bezahlten Propheten? Mangel an Glaubwürdigkeit kann durch erstarrt-aggressiven Autoritarismus nicht wettgemacht werden.

Diese Beobachtungen bilden eine Brücke vom Weltverhältnis zum *Kirchenbild*, oder im Sinn des Zweiten Vatikanischen Konzils, von „Gaudium et spes“ zu „Lumen Gentium“. Bei einem Teil der Träger der pastoralen Berufe ist das Konzil umstrittener denn in den zwar stürmischen, aber dennoch gedeihlichen Entwicklungszeiten gleich nach dem Konzil. Die derzeitige Kirchenleitung ermutigt auch nicht zu einer konsequenten Realisierung der Konzilsbeschlüsse, sondern tendiert dazu, scheibchenweise Reformen rückgängig zu machen. Dass es sich dabei vor allem um liturgische Reformen handelt, ist nicht zufällig. Denn die Reformen des Konzils haben aus dieser Mitte heraus begonnen.

So ist anzunehmen, dass in den nächsten Jahren erneut die Rolle der Laien, auch der Laienberufe, in der Liturgie und damit in der Kirche neu bestimmt werden wird – um es neutral zu sagen. PastoralreferentInnen können schon ein Lied davon singen, ganz gleich ob es um die Mitwirkung an der Gemeindeleitung geht, um die Auslegung des Evangeliums in einer Eucharistiefeier, um die Taufe (zumindest dann, wenn ein Priester nicht in Ruf- und Reichweite ist).

Es ist leider auch vorhersehbar, dass die Mitgestaltungsmöglichkeiten des Kirchenvolks – des *laos*, also der Laien – in den Jahren vor uns nicht ausgebaut, sondern eher eingeschränkt werden. Die jungen Pfarrer tendieren eher zu einem antiquierten autoritären Leitungsstil – ein Stil der Verunsicherten – statt zum Ausbau der Kommunikation und Kooperation, zur Erweiterung der Beratung, zur Mitentscheidung. Es ist dann aber zu befürchten, dass die Suche nach Mitgliedern in den Pfarrgemeinderäten sich noch mehr erschweren wird, als dies heute schon der Fall ist. Ganz allgemein wird sich das gesellschaftliche Gesamtbild der Kirche verändern. Die Kirche schrumpft am weltoffenen Pol. Sie würde dann von einer Kirche zu einer Sekte mutieren.

Eine letzte Beobachtung: Die Kirche leidet heute, so sagen die Kirchenführenden, unter einem epochalen Priestermangel. Das zwinge zur Errichtung von pastoralen Großräumen. Diese haben ihren Sinn, wenn sie nicht nur mutlos der Administration des Mangels dienen. Denn manche pastorale Vorgänge verlangen nach einem größeren Raum, um optimal gestaltet werden zu können: wie Jugendarbeit, Bildungsarbeit, Diakonie.

Aber hat die katholische Kirche wirklich einen Priestermangel? Zunächst ist festzuhalten, dass unter jenen, die heute einen pastoralen Dienst ausfüllen, beachtlich viele sind, die persönlich eine Berufung zum Priesteramt in sich verspüren: die Leviten unter den Diakonen, die virtuellen und realen „Presbyter" unter den PastoralreferentInnen. Eine Umfrage unter jenen, die an der Katholisch-Theologischen Fakultät in Wien studieren, zeigt ebenfalls, dass es weit mehr Ordinationsbereite gibt, als in den Priesterseminaren und den Noviziaten leben (http://homepage.univie.ac.at/paul.zulehner/php/Paul2/index.php?id=47).

Damit ist das Potenzial längst nicht umfassend offengelegt. Joseph Ratzinger sagte 1970 in einer Rundfunkrede über die Kirche im Jahr 2000: „Sie wird auch gewiss neue Formen des Amtes kennen und bewährte Christen, die im Beruf stehen, zu Priestern weihen: In vielen kleineren Gemeinden beziehungsweise in zusammengehörigen sozialen Gruppen wird die normale Seelsorge auf diese Weise erfüllt werden. Daneben wird der hauptamtliche Priester wie bisher unentbehrlich sein" (Glaube und Zukunft, München 1970, 122).

Der nebenberuflich tätige Priester war in der Kirchengeschichte ebenso verbreitet wie er auch heute in vielen Kirchengebieten sich aus dem Mangel an Finanzen geradezu anbietet. Warum nicht auch bei uns? Die anglikanische Kirche hat bereits vierzig Jahre weithin gute Erfahrungen damit gesammelt.

Wer sagt denn, dass es also nicht unter den vielen Ehrenamtlichen in den Gemeinde „personae probatae", also gemeindeerfahrene Personen gibt, die – nach einer angemessenen theologisch-pastoralen Ausbildung über drei Jahre und einer guten Supervision – zu „Teams of Elders" in einem pastoralen Großraum geweiht werden könnten (vgl. Fritz Lobinger, Team of Elders. Moving beyond viri probati, Quezon City 2007)?

Wer diesen Blick einnimmt, kann keinen wirklichen Priestermangel erkennen: Vielmehr sieht er eine Blindheit der Kirchenleitung für vorhandene Berufungen, bei Männern und bei Frauen. Die Frage ist nur, was theologisch besehen solche „subjektiv" wahrgenommene Berufungen sind. Aber um Ratzinger zu zitieren, der dies in Blick auf nichteheliche Lebensgemeinschaften gesagt hat: Theologisch sind diese Berufungen zumindest nicht nichts.

Jedenfalls könnte die Kirche damit gut wirtschaften und damit verhindern, dass sie durch weitere Ausdünnung der eucharistischen Dichte nicht nur dem Aufbau der Kirche von innen schwer schadet, sondern zugleich auch dem in jeder eucharistischen Feier sich ereignenden Umwandlung eines Teils der Welt in den österlich-kosmischen Christus (Kol 1,12–20) hinein.[48]

Kardinal Carlo Maria Martini: Geisteshaltung

Um die Geisteshaltung ... auszudrücken, will ich mich auf eine Stelle des Matthäus beziehen. Am Beginn seines Wirkens – er hat bereits die Versuchungen bestanden – „verließ Jesus Nazaret, um in Kafarnaum zu wohnen, das am See liegt, im Gebiet von Sebulon und Naftali. Denn es sollte sich erfüllen, was vom Propheten Jesaia gesagt worden ist"(Mt 4,13f.).

Der Evangelist deutet das, was von außen besehen nichts anderes als einfacher Ortswechsel erscheint, als eine Tatsache von tiefer Bedeutung.

Was war nämlich Nazaret? Ein unbedeutender Marktflecken in Galiläa, der weder im Alten Testament noch bei Josephus Flavius noch im Talmud erwähnt ist. Es ist ein Ort ländlicher Ruhe, einfacher Lebensformen, kleiner Eifersüchteleien und begrenzter Horizonte. Im Vergleich dazu erscheint Kafarnaum als eine offene und bunte Stadt, ein Ort der Arbeit und des Handels, der Banken und des Verkehrs, Grenzstadt im Galiläa der Heiden, Sitz der römischen Verwaltung, Ort der Begegnung zwischen den Kulturen. Auch für Jesus bedeutet der Ortswechsel nach Kafarnaum, Gewohnheiten, das Vorhersehbare zu verlassen und sich dem Wandel, den Begegnungen auszuliefern, dem, was wir heute Auseinandersetzung mit der „", mit der „ät", mit dem „"nennen. Nach Kafarnaum hinabsteigen hieß also, sich mit einer neuen Lebensweise auseinanderzusetzen, mit Leuten, mit dem täglichen Leben, das gekennzeichnet ist von harter Arbeit und Leiden, von Neuem und Unsicherheit. Nicht umsonst beschreibt der Evangelist Markus den ersten Aufenthalt Jesu in Kafarnaum als eine Begegnung mit Besessenen und mit allen möglichen Kranken (Mk 1,23.30.32).

Jesus begegnet diesem Wandel nicht widerwillig, so als ob er nostalgisch Nazaret verbunden geblieben wäre. Er hat Kafarnaum so angenommen, dassman es „Stadt“nennen konnte (Mk 9,1). Das hinderte ihn nicht, frei und kritisch gegenüber der Stadt zu sein. Er verschweigt nicht die Schuld, spart nicht mit Mahnungen, bis hin zu Drohung, wie man in Mt 11,23 sieht. Aber alles nimmt seinen Ausweg von einer tiefen Liebe, von einer täglichen Anwesenheit, von einem Teilnehmen am Geschick und den täglichen Leiden seines Volkes.

Etwas Ähnliches ist schon den Verbannten im fünften Jahrhundert gesagt worden, von denen im 29. Kapitel bei Jeremia die Rede ist. Sie lebten vom Heimweh nach der alten Kultur in Jerusalem, und sie fühlten sich wie Fremdlinge im Land Babylon. Der Prophet Jeremia sagt ihnen nicht, sie sollten Jerusalem vergessen. Er verbietet ihnen auch nicht, ihr Idealbild vor Augen zu haben. Er untersagt ihnen aber das Heimweh nach einer Lebensweise, die es nicht mehr gibt und niemals mehr geben wird und die sie hindert, mit Liebe in der neuen Stadt zu arbeiten, die in der Zwischenzeit, ohne dasssie es sich ausgesucht hätten, ihnen durch den Gang der Dinge anvertraut worden ist: „So spricht der Herr der Heere, der Gott Israels, zur ganzen Gemeinde der Verbannten, die ich von Jerusalem nach Babel weggeführt habe: Baut Häuser und wohnt darin, pflanzt Gärten, und esst ihre Früchte! Nehmt euch Frauen, und zeugt Söhne und Töchter, nehmt für eure Söhne Frauen, und gebt euren Töchtern Männer, damit sie Söhne und Töchter gebären. Ihr sollt euch dort vermehren und nicht vermindern. Bemüht euch um das Wohl der Stadt, in die ich euch weggeführt habe, und betet für sie zum Herrn; denn in ihrem Wohl liegt euer Wohl.“(Jer 29,4-7)

Auch Jona, nach Ninive geschickt, muss auf seine Kosten lernen, diese Stadt zu lieben und sich über ihre Bereitschaft zur Umkehr zu freuen, denn wie könnte es Gott „leid sein um Ninive, die große Stadt, in der mehr als hundertzwanzigtausend Menschen leben, die nicht einmal rechts und links unterscheiden können – und außerdem so viel Vieh?“(Jona 4,11)[49]

Tabellen

Fußnoten

1 Die Durchführung der Umfrage lag bei den umsichtigen Personen Angelika Kofler und Michaela Löffler. Ihnen gilt der Dank für die gar nicht leichte Arbeit, mit ihrem Interviewerinnenteam die sensible Gruppe von Pfarrern, noch dazu zu sensiblen Themen, zu befragen. Die Zahl der Antwortverweigerer war erwartbar nicht gering. Sie hat aber nicht jenes Ausmaß überschritten, welches den Ergebnissen die Aussagekraft genommen hätte. Dabei wäre es aufschlussreich, hätte man in Erfahrung bringen können, ob und wenn ja welcher Art die Verweigerer eine einheitliche Gruppe sind. Das Sample wurde repräsentativ für alle Pfarren Österreichs nach Diözesen berechnet. In den Diözesen St. Pölten und Graz wurden die Vorgaben genau erreicht. Nicht erreicht wurden die Vorgaben in den Diözesen Eisenstadt (-1%), Innsbruck (-2%) und Salzburg (-3%). Diese drei Diözesen zählen mit der Diözese Feldkirch aber zu jenen Diözesen mit den wenigsten Pfarren. Überrepräsentiert sind hingegen die Diözesen Gurk und Feldkirch (jeweils +1%), Diözese Linz (+2%) und die Erzdiözese Wien (+3).

2 Zu diesem Thema erschien auch eine wertvolle Studie vom Institut für Soziologie in Linz: Lins, Josef (Hg.): Einstellungen zum Pflichtzölibat. Band 1: Österreichische Weltpriester, Linz 2010. – Diese stützt sich in vielen Fragestellungen auf meine Priesterstudie 2000: Zulehner, Paul M.: Priester im Modernisierungsstress, Ostfildern 2001.

3 Die Frage stellt sich allerdings, ob sich Pfarrer nicht nur um die Not von einzelnen Menschen kümmern und Anwälte der Schwachen und Bedrängten sind, sondern ob sie auch die Bekämpfung der gesellschaftlichen Ursachen solcher Nöte zu ihren Aufgaben zählen. Das Wirken der Pfarrer kreist primär um Gott und die einzelnen Menschen und ihre familiale Lebenswelt; die gesellschaftlichen Zusammenhänge sind hingegen nachgereiht, wenn nicht sogar von einem beträchtlichen Teil ausgeblendet. Hier wird aber nicht nur ein Moment am Pfarrerberuf, sondern an der Kirche als Ganzer sichtbar.

4 Das Sample wurde repräsentativ für alle Pfarren Österreichs nach Diözesen berechnet. In den Diözesen St. Pölten und Graz wurden die Vorgaben genau erreicht. Nicht erreicht wurden die Vorgaben in den Diözesen Eisenstadt (-1%), Innsbruck (-2%) und Salzburg (-3%). Diese drei Diözesen zählen mit der Diözese Feldkirch aber zu jenen Diözesen mit den wenigsten Pfarren. Überrepräsentiert sind hingegen die Diözesen Gurk und Feldkirch (jeweils +1%), Linz (+2%) und die Erzdiözese Wien (+3%). Die Verantwortung für die Qualität des Quotensamples trägt die GfK Austria.

5 Bauer, Joachim: Prinzip Menschlichkeit – Warum wir von Natur aus kooperieren, München 2005. – Ders.: Das kooperative Gen – Abschied vom Darwinismus, Hamburg 2008.

6 Hüther, Gerald: Ergebnisse der Hirnforschung zur Bedeutung der Familie: Die Bedeutung emotionaler Sicherheit für die Entwicklung des kindlichen Gehirns. In: Nacke, B. (Hg.): Fokus Familie. Ein Kongress der Caritas, Erkelenz 2009, 31-52. – Ders.: Von der Ressourcen- zur Potentialentwicklungsgesellschaft. In: Netzwerk „Älter werden. Zukunft haben!" Führungskultur und Ethik im Zeitalter des Demografischen Wandels, Linz, 2009.

7 Hier ist zu unterscheiden zwischen dem, was in der Seelsorge tätige Personen tun, also Pfarrer, Religionslehrerinnen und -lehrer, was an theologischen Fakultäten unterrichtet wird und dem, was zwischen den Zeilen mancher kirchenamtlicher Äußerungen durchscheint. In der Priesterstudie 2000 gab es im Bereich der katholischen Sexualmoral zwischen Priestern und „Rom" einen auffallend starken Dissens. Zulehner, Paul M.: Priester im Modernisierungsstress, Ostfildern 2001.

8 Dafür spricht sich auch Weihbischof Geoffrey James Robinson aus Sidney, Australien, aus: In der Einführung zu seinem Buch *Confronting Power and Sex in the Catholic Church, Minnesota 2008*, ist zu lesen: "Through the story of sexual abuse and the church's response, I came to the unshakable belief that within the Catholic Church there absolutely must be profound and enduring change on the two subjects of power and sex."

9 Zulehner, Paul M.: Raumgerechte Pastoral. Eine Fallstudie für die Region Rhein-Mosel-Ahr im Bistum Trier, Wien 2003 (in www.zulehner.org). – Ders.: Entlastung in der Pastoral. Vorschläge angesichts der neuen pastoralen Großräume, in: StdZt 11/2008, 747-754.

10 Mehr dazu: Hennersperger, Anna / Höfl, Helmut: „Dein Stock und Dein Stab lassen mich aufatmen" (Ps 23,4), in: Lebendige Seelsorge 2 (2008) 113-118.

11 Zulehner, Paul M. / Hennersperger, Anna: Damit die Kirche nicht rat-los wird. Pfarrgemeinderäte für zukunftsfähige Gemeinden, Ostfildern 2010, 139.

12 Zulehner, Paul M.: Wirklich ein Priestermangel? Zur Lage der pastoralen Berufe im deutschsprachigen Raum, in: Herder Korrespondenz Spezial (1-2009) 36-40. Dieser Beitrag ist im Anhang dokumentiert.

13 Lobinger, Fritz: Team of Elders, Manila 2009.

14 Joseph Ratzinger hatte diese Möglichkeit 1970 in einem Rundfunkvortrag für 2000 vorausgesehen: „Sie wird auch gewiss neue Formen des Amtes kennen

und bewährte Christen, die im Beruf stehen, zu Priestern weihen: In vielen kleineren Gemeinden bzw. in zusammengehörigen sozialen Gruppen wird die normale Seelsorge auf diese Weise erfüllt werden. – Daneben wird der hauptamtliche Priester wie bisher unentbehrlich sein." Ratzinger, Joseph: Glaube und Zukunft, München 1970, 122.

15 Das Thema Homosexualität unter ehelosen Pfarrern wurde in der Telefonumfrage ausgeklammert, weil diese für das sensible Thema ungeeignet erscheint. (Von den 63% der Pfarrer, die angeben, „bei einer vertrauten Person daheim" zu sein, sind 16% nur „bei einem Freund" und nicht auch „bei einer Freundin" daheim.) Aufhorchen ließ unlängst der St. Pöltner Diözesanbischof Klaus Küng. Er ortete „homosexuelle Netzwerke", die Klöster und Priesterseminare sogar existentiell bedrohen könnten. Es bilde sich eine Atmosphäre, „die ganz bestimmte Personen anzieht, andere dagegen abstößt zum großen Schaden der Seelsorge". Solche Netzwerke müssten gegebenenfalls radikal aufgelöst werden. Dazu sollten Klöster oder auch Priesterseminare kurzzeitig geschlossen und neu eröffnet werden. Ein generelles Aufnahmeverbot und damit eine berufliche Diskriminierung von Homosexuellen lehnte er aber ab. Es kann ja nicht in Abrede gestellt werden, dass unter homosexuellen Priestern hervorragende Seelsorgspersönlichkeiten sind. Auch in der Kirchenleitung sind sie vertreten. Dazu: *Die Presse*, 25. 5. 2010, 2.

16 Datengestützt waren in der zentraleuropäischen Priesterstudie 2000 drei Typen an Zölibatserfahrung abgegrenzt worden: jene die das ehelose Leben gut bestehen (sie bejahen „glücklich" und „fiel mir leicht"); andere, die experimentieren (sie kennen das Auf und Ab; haben einen eigenständigen Weg gefunden) und schließlich solche, die (faktisch) scheitern (sie waren schon nahe daran aufzugeben). Zudem gibt es die Typen der „Freientscheider" (jene, die sich von Anfang an entscheiden und verneinen, dass sie anfangs den Zölibat in Kauf genommen hätten, auch wenn dieser dann nachgereift sei), der „Nachreifer" (sie lehnen es ab, den Zölibat in Kauf genommen zu haben; dennoch bejahen sie klar ein Nachreifen) sowie der „Hinnehmer" (jene Priester, die von sich sagen, sie hätten den Zölibat in Kauf genommen; ein Nachreifen bejahen sie nicht). Mehr dazu in: Zulehner, Paul M.: Priester im Modernisierungsstress, Ostfildern 2001, 286-315.

17 88 % der 2006 befragten PastoralreferentInnen im deutschsprachigen Raum nannten die Ehe eine „Hochrisikolebensform": Zulehner, Paul M. /Renner, Katharina: Ortsuche, Ostfildern 2006, 77.

18 Löwit, Kurt: Geheimsprache Sexualität, Innsbruck 1989.

19 Gleichen-Russwurm, Alexander von: Über die Freundschaft. Psychologie, Geschichte und Wandlungen eines Ideals, Bern 1961.

20 Wegen der zeitlichen Begrenzungen der vorliegenden Telefonumfrage war es nicht möglich, das Thema der Pfarrerspiritualität hinreichend auszuleuchten.

21 Der einschlägige Textausschnitt ist als Anhang dokumentiert.

22 Es handelt sich um die Fragebatterie, die so eingeleitet worden war: „12. Jeder Beruf hat verschiedene Aspekte. Welche Seiten erleben Sie persönlich als besonders positiv, welche als überhaupt nicht positiv? Bitte stufen Sie fein ab zwischen 1=besonders positiv und 5=überhaupt nicht positiv. Bei der Aussage „Die Kirche soll sich der modernen Welt mehr öffnen" wurden die Skalenwerte 4 und 5 zusammengezogen, weil sie schwach besetzt sind.

23 Zum katholischen Antimodernismus: Neuner, Peter: Der Streit um den katholischen Modernismus, Frankfurt-Leipzig 2009. – Ders.: Eine neue Modernismuskontroverse? Theologiegeschichtliche Überlegungen zum Streit um die Pius-Bruderschaft, in: MThZ 60 (2009) 258-270.

24 Berger, Peter L.: Der Zwang zur Häresie, Frankfurt 1980.

25 Institut für Demoskopie Allensbach: Kirchenaustritte. Eine Untersuchung zur Entwicklung und zu den Motiven der Kirchenaustritte, Allensbach 1992. – Köcher, Renate: Kirchenaustritte und Kirchensteuer, in: Streitfall Kirchensteuer, hg. v. Wolfgang Ockenfels u.a., Paderborn 1993, 13-26. – Dies.: Motive und Hintergründe der Kirchenaustritte. In: Revue d'Allemagne et des pays de langue allemande, 25 (1993) 63-69.

26 Memorandum zur Zölibatsdiskussion, in: Rahner, Karl: Priesterliche Existenz. Beiträge zum Amt in der Kirche. Sämtliche Werke 20, Freiburg 2010, 358.

27 Mehr dazu: Lobinger, Fritz: Team of Elders, Manila 2009. - Zulehner, Paul M. / Lobinger, Fritz / Neuner, Peter: Leutepriester in lebendigen Gemeinden. Ein Plädoyer für gemeindliche Presbyterien, Ostfildern 2003.

28 Siehe Zulehner, Paul M. u.a.: Der Reichtum der Kirche sind die Menschen. Pfarrgemeinderäte beleben die Kirchengemeinden. Forschungsbericht zur PGR-Studie 2009.

29 Bible Sharing ist eine Methode, um biblische Texte gemeinsam auszuloten und für die Gestaltung, ja Veränderung des Lebens der Einzelnen und von Gemeinschaften fruchtbar zu machen.

30 Mehr zu einem Vorschlag, wie dies in einer Diözese eigeführt werden kann, im Anhang.

31 Lobinger, Fritz: Team of Elders, Manila 2009.

32 Die deutschen Bischöfe, Zur Ordnung der Pastoralen Dienste, Bonn 1977, 12; im Anschluss an den Synodenbeschluss „Die pastoralen Dienste in der Gemeinde“, Gemeinsame Synode der Bistümer der Bundesrepublik Deutschland, Freiburg 1976, 607.

33 Lins, Josef (Hg.): Einstellungen zum Pflichtzölibat. Band 1: Österreichische Weltpriester, Linz 2010, 91f.

34 Memorandum, 360.

35 Vgl. Johannes Paul II.: Ecclesia de eucharistia, Rom 2003.

36 Benedikt XVI., Weltjugendtag Köln 2005.

37 Interview mit Bischof Erwin Kräutler. Das Gespräch führte Thomas Matt. In: Vorarlberger Nachrichten 22./23. 5. 2010.

38 Diese beiden Gruppen wurden mit einer Clusteranalyse ermittelt. Dabei wurden folgende zwei Items verwendet: Die Kirche soll sich der modernen Welt öffnen. Die Reformen des Zweiten Vatikanischen Konzils sollen entschlossener durchgeführt werden.

39 Zulehner, Paul M. / Hennersperger, Anna: Damit die Kirche nicht „rat-los“ wird. Pfarrgemeinderäte für zukunftsfähige Gemeinden, Ostfildern 2010. – Zulehner, Paul u.a. (Hg.): Der Reichtum der Kirche sind die Menschen. Pfarrgemeinderäte beleben die Kirchengemeinden, Ostfildern 2010 (Forschungsbericht zur PGR-.Studie).

40 94% der modernitätsfreundlichen Pfarrer sagen, dass ohne unsere Kirche und Dienste an den Armen das Land sozial kühler und ärmer wäre; unter den modernitätsskeptischen sind (nur) 75% dieser Auffassung.

41 Volz, Rainer/Zulehner, Paul M.: Männer in Bewegung, Berlin 2009. – Leider fehlte in der Telefonumfrage die Zeit, die Priester auf ihr Männerbild hin zu untersuchen. Der Verdacht ist nicht unbegründet, dass unter den Jüngeren (wieder) viele traditionell fühlende Männer sind.

42 Schon jetzt ist die Kirche kulturell eher in traditionellen Milieus zuhause. Das besagen die vielen Sinus-Milieustudien der letzten Jahre.

43 Memorandum, 362.

44 Memorandum, 362.

45 Unterzeichnet wurde sie von den Professoren Ludwig Berg, Mainz; Alfons Deißler, Freiburg i.Br.; Richard Egenter, München; Walter Kasper, Münster; Karl Lehmann, Mainz; Karl Rahner, Münster-München; *Joseph Ratzinger, Regensburg;* Rudolf Schnackenburg, Würzburg; Otto Semmelroth, Frankfurt a.M.

46 Memorandum, 355f.

47 Memorandum, 356.

48 Herder Korrespondenz Spezial (1-2009), Arbeiten in der Kirche, 36-40.

49 Aus dem Schlussbericht über das Symposion der Europäischen Bischöfe in Rom 1989 über „Heirat, Geburt und Tod als Herausforderung der Evangelisierung", in: Die europäischen Bischöfe und die Neu-Evangelisierung Europas, hg. v. Sekretariat der Deutschen Bischofskonferenz und dem CCEE-Sekretariat, Bonn 1991, 367-383.

IMPRESSUM

ISBN 978-3-222-13314-5

Lektorat: Reinhard Deutsch
Umschlag- und Buchgestaltung: Bruno Wegscheider
Coverfoto: iStockphoto/shulz

Druck und Bindung: Druckerei Theiss GmbH
St. Stefan im Lavanttal